JN085280

五章 真相

六章 異界

七章 実話

八章 伝染

本書に収録した「怪談」は、古今の神話、説話、怪談、都市伝説を筆者が再構成したものです。対象の怪談が語られた時代性も含めて解説、考察をする趣旨から、現代では一部不適切と思われるものでも、当時のままの表現、用語を使用しているところもあります。（編集部）

一章
母子

イザナミ
ウブメ
こんな晩
ザシキワラシ
コインロッカーベイビー
コトリバコ

イザナミ

POINT

・黄泉国にて、死んだ女神イザナミが生まれ来る人間すべてを呪う話。
・日本創成神話であり、夫婦神の別れと「死」の誕生を描く。
・出産と死、逃げる男と追う女のモチーフは現代怪談にまで繋がる。

「あの頃、私と妻のイザナミはともに国を創り、多くの神々を生んでいたものです」

イザナギは天から地上に降りてきた当時を思い出し、次のように語ってくれた。

……しかし……火の神カグツチを産んだ際、妻イザナミの股が焼けただれたのです。さんざん苦しんだ末、遂神避坐也《ついにかむさりたまいき》、あなたたち人間でいうところの死を迎えました。

ええ、残された私の哀しみは、それはそれは大変なものでしたよ。妻の死骸に追いすがってしばらく号泣した後、死因である我が子カグツチを憎むあまり、その首を剣ではねて殺してしまったほどです。

その後、私は妻に再会するため黄泉国《よみのくに》へ向かいました。黄泉の御殿に辿り着くと、嬉しいことに我が妻は戸口で出迎えてくれたのです。しかし私が一緒に帰ろうと説得すると。

「残念です。もっと早く来てくれれば。私はもう黄泉戸喫《よもつへぐい》してしまいました」

黄泉国の食物を口にしたためもう帰れない、というのです。それでも愛する妻は、なんとか黄泉神へ頼み込んでみるからと、御殿の中へ入っていってくれました。

「待っている間、けっして私を見ないように」と言い残して。

しかし妻はいっこうに出てきません。待ちくたびれた私は、つい約束を破ってしまいました。戸口から御殿に入り、櫛の端に火を灯して、真っ暗な殿内を進んでいったのです。

そのうち闇の奥に、妻らしき姿が浮かび上がってきました。どうやら仰向けに寝転んでいるようです。黄泉神と交渉するといったのに、なにをしているのかと思いました。

でも、おかしい。その体には、なにやら白い粒々が蠢《うごめ》いているし、あちこち小さなものが乗っている気がする。よく見ようと目をこらしたところで、私は悲鳴をあげました。

それは蛆虫にたかられ、頭と両手足と胸と腹と陰部に八体の雷神を乗せ、ぐじゅぐじゅに腐り果てた……イザナミの姿だったのです。

あまりの恐怖に、私は思わず逃げ出しました。

「われに恥をかかせたな」というイザナミの怒号を背後に聞きながら。

御殿を出て、黄泉国を脱出しようと、もつれる足で駆けていきます。しかし振り向けば、大勢の黄泉醜女《よもつしこめ》たちが追いかけてくるではありませんか。思わず髪留めや櫛を投げつけると、山ぶどうやタケノコとなって地に生えました。黄泉醜女たちがそれらを食べている隙に、なんとか遠ざかることができました。

しかし今度は、八体の雷神が黄泉の軍勢を引き連れてきます。私は長い剣を後ろ手に振りながら走るうち、ようやく黄泉比良坂《よもつひらさか》へ辿り着きました。そこにある桃の実を三つ投げつけると、雷神と軍勢は怖れて逃げ去っていったのです。

そんな彼らをかきわけ、こちらへ迫りくる人影が見えた瞬間、背筋が凍りつきました。

ついにイザナミ自身が追いかけてきたのです。私は必死に巨大な岩をひきずり動かしました。そして追いつかれる直前、なんとか黄泉比良坂の出入り口を塞いだのです。

こうして私たち夫婦は永遠に別れ、この世とあの世は引き裂かれました。

私はすっかり穢れてしまった体で岩にもたれかかり、ひたすら息を切らしていました。

すると岩の向こうから、イザナミの震える声が響いたのです。

「愛しい夫よ。私はあなたの国の人々を一日に千人、縊《くび》り殺しましょう」

そこで私は、こう返答しました。

「愛しい妻よ。ならば私は一日に千五百の産屋《うぶや》をたてましょう」

だからです。だからなのですよ。

だから、あなたたち人間は死ぬようになり、そして子を生み続けるようになったのです。

解説

追う女から男は逃げきり、そして「死」が生まれる

日本最古の神話『**古事記**』で描かれた劇的なシーン。火によって死んだ母神イザナミは、人間にとっての死の神＝黄泉津大神となってしまった。こうした「怖ろしい死の母」のイメージは、他の多くの怪談キャラクターに変奏されているように思える。イザナミは出産により死ぬのだから、世界初の「産褥《さんじょく》死」となる。妊娠中や出産時に死んだ女性は「**ウブメ**（産女、姑獲鳥）」となって化けて出るとの信仰は、古来、日本中に広まっていた。つまりイザナミはウブメの元祖でもある。

そして近代に入って『古事記』が一般大衆に普及し、戦後に皇国史観教育などのバイアスが外れると、さらにイザナミ的な怪談キャラクターが生まれるようになる。**カシマ**や**口裂け女**を始めとする、現代怪談の女性キャラクター。彼女たちには、怖ろしい死の母、火や血に染まった赤色というイザナミの影がちらついている。

世界初の「母殺し」の子である火の神カグツチは、父イザナギに斬首される。捨てられたヒルコ・アワシマと違い、これも世界初の「子殺し」だ。その剣の根元から垂れた血がタケミカヅチを生んだ。鹿島神宮の祭神＝カシマ様である。

この神と都市伝説のカシマとを直接結びつけるのは早計だろう。しかし「カシマ」には母殺しの赤い炎、子殺しの赤い血のイメージが幾重にも絡まっている。その名前

が日本都市伝説キャラクターの元祖に付けられたことは、ただの偶然なのだろうか。

イザナギを追いかけたイザナミは道敷《みちしき》大神とも呼ばれる。ここで思い出すのは一九八〇年代半ばから流行した、峠道で車やバイクを追いかける「**よつんばい**」の怪談だ。現代怪談のなかでも、この話は黄泉国の追跡劇をトレースしたかと思えるほど似通っている。（※「ターボ婆ちゃん」の章を参照）。

誤解されがちだが、イザナミは「見るなの禁止」を破ったから憤怒したのではない。イザナギが自分の姿を怖れて逃げたことに辱めを感じたから怒り、追跡したのだ。よつんばいも男が同乗を断り逃げたから追跡する。同じことは口裂け女、**八尺様**、**アクロバティックサラサラ**についてもいえる。彼女たちは自分を怖れず動じない男に対しては、追跡してこないはずだ。すべての怪談において、まず男が勝手に彼女たちを怖れて逃げる。だから女はそれを追いかける。

そして男はなんとか死の世界を脱出する。『古事記』の記述では「黄泉比良坂の坂本に到る」となるが、「坂本」は坂下・麓、つまり峠道の入り口だ。おそらく黄泉国は千曳の岩によって隔てられるまで、現世と地続きの空間だった。

逃げ切ったイザナギに対し、イザナミは死の言葉を投げつける。よつんばいも「覚えていろよっ！」と男の死を予言する。それまで地続きだった現世と黄泉は隔てられ、ここにおいて両者に「事戸《ことど》（言葉の戸）」が渡された。それは男女の離縁だけでなく、境なく連続していた「生」と「死」が言葉によって分断された事態を意味している。

ウブメ

POINT

・死んだ女がウブメとなって、夜ごと怖ろしくも哀しい声で泣く。
・昔の日本では妊娠中・出産時に死んだ女はウブメになるとされた。
・数あるウブメ譚の中でも、リアルな描写が群を抜いて怖ろしい話。

一六二七年の春でした、と荻野さんはいう。

まだ少年だった荻野さんが長旅から帰宅すると、母親から次のような話を聞かされた。

「最近、この町のみんなが噂していることなんだけどね」

少し前、与七という男の妻が妊娠中に亡くなった。それだけならなんの不思議もないが。

「その女が戻ってくるのよ。この町に、毎晩のように」

女は戻ってくるたび、泣き声を町中に響きわたらせる。子どもたちはすっかり怯えてしまい、どの家でも陽が落ちれば戸をかたく閉じ、簾を下ろすようになった。

「ウブメだよ」母は内緒話でもするかのように、声をひそめた。

「子を孕《はら》んだまま死んだ女、出産で死んだ女は、ウブメになって化けて出るんだ」

そのウブメはなぜこちらに戻ってくるのか。そう荻野さんが訊ねると。

「旦那のそばにいるため、だろうねえ」

ウブメは夜な夜な、与七の寝屋に現れる。しかし生きていた頃と違って、話はいっさい通じない。腰から下を真っ赤な血で濡らし、白く虚ろな目でおかしな泣き声をあげるだけ。与七も最初は驚いただろう。次に懐かしく思っただろう。また次に、姿は同じでも中身が豹変した妻を怖れただろう。そして今は、ひたすら怒っているそうだ。

「あんまり腹が立つから、寝屋の柱に、縄で縛りつけたこともあったんだって」

しかし翌朝、ウブメは柱から逃げ去っていた。血のついた衣の切れ端だけを残して。

その夜も、彼女はまた来た。その次の夜も次の夜も。与七がどこへ逃げようと跡を追いかけて、毎晩、毎晩。

「貯金をはたいて偉いお坊さんに経を読んでもらったけど、なんの効果もなかったそうよ」

まだ子どもだった荻野さんには、与七の心情はいっさい想像できなかった。

それよりも、夜ごと響くというウブメの泣き声のほうに好奇心が向いた。

「お母さん、次にそいつが通ったら、僕も声を聞いてみたいな」

ただ、それからしばらく経つと、ウブメの噂がぱたりと止んだ。彼女が二度と戻ってこなくなったからである。どうやら与七は、亡き妻をうまく撃退したようだ。

怒りすら通り越し、もはや無気力に呆けていた与七に、ある人がアドバイスした。古い言い伝えによれば、夫のフンドシを置いておくとウブメはもう来なくなるのだとか。

そこで与七が自分のフンドシを窓枠にかけておいた、はたしてその夜。ウブメは寝屋の外に現れたかと思いきや、すぐに帰っていった。翌朝、窓からはフンドシが消えており。

「ウブメはもう二度と戻ってこなくなりました」と荻野さんはいう。

「たかがフンドシごときで、夫の身代わりとして満足したんでしょうかね。私も怪談を聞き集めるのは大好きなんですが……まあ結局、化け物のことなんてよくわかりません」

ところで荻野さんはその当時、ウブメの泣き声を聞くことができたのだろうか。

「……ああ、はい。深夜一時か二時頃ですね。いきなり母が叩き起こしてきたものだから」

なにごとかと驚いていると、薄闇の中、母が瞳をぎらつかせながら。

「やつが通る。泣く声、聞いてみな」

それは二度、夜の向こうで響きわたった。

音階でいえばドレミのミ。はじめのオクターブは高く、だんだん下がっていく。八畳間を渡り切られるほどの長い発声で、そして。

「ひたすら哀しい声でした」

わああああぁぁぁぁひいいぃぃぃぃ……わあああぁぁぁぁひいいぃぃぃぃ……。

その声は今でも、荻野さんの体に染みついているのだという。

解説　子を産みながら子とともに死ぬ、ねじれた生死を孕む存在

『**宿直草**《とのいぐさ》』（一六七七）は、俳人である荻野安静《おぎのあんせい》（荻田《おぎた》とも）が収集した怪談を、彼の弟子である富尾似船《とみおじせん》が編纂・刊行した怪談集とされている。

先ほど紹介したエピソードはそのなかの一篇「うぶめの事」。便宜上、荻野安静の体験談であり、彼が母親に取材した話ではないかと推察し、リライトさせてもらった。

ウブメ（産女、姑獲鳥）は日本の怪談史における代表的キャラクターだった。妊娠中あるいは出産時に死んだ女は、ウブメとなって化けて出る。だから子を孕んだ女性の死体は「身二つ」＝腹を裂いて中の胎児を取り出さなければならないとされた。

ウブメが資料に初登場するのは平安時代末期の『**今昔物語集**《こんじゃくものがたりしゅう》』だが、おそらくそれより以前から人々に広く語られていただろう。江戸時代を経て明治近代に入るまで、地域によっては昭和の高度経済成長期あたりまで、日本人はウブメを怖れていた。なにしろ戦後になっても「身二つ」の風習を残していたところもあるほどだ。

そして現代怪談においてもなお、ウブメの存在感はひそかに残されている。

私は昔から、現代怪談に出てくる女性キャラクターを「**赤い女**」（＝カシマさん、口裂け女、アクロバティックサラサラなど）と「**白い女**」（＝ひきこさん、八尺様など）とに分類している。さらにいえば赤い女も白い女も表裏一体の存在であり、つまると

ころ「子殺しの母」という本質に違いはないのだ、とも語っている。

子を産む母でありながら子とともに死ぬ、生と性と死がメビウスの輪のようにねじ曲がりながら繋がっている彼女たち。白い死装束を着ているが、その下半身は赤い血に染まっているという、白と赤のコントラストに彩られたウブメこそ、まさに彼女たちの源流として捉えるべき存在ではないだろうか。

『宿直草』のウブメは、数多くのウブメ譚の中でも特殊な語られ方をしている。ウブメの多くは、生前はどこの誰だったかわからない匿名性を持ち、川や水辺に出没するなど出現場所も決まっている。故人の幽霊というより、現在でいうところの妖怪に近い性質として捉えられている。

しかし『宿直草』のウブメは出自もはっきりわかっており、生前の夫につきまとうという意味で、すこぶる幽霊的だ。原文は多少コミカルな筆致ではあるが、その底に冷え冷えとした哀愁も漂わせている。

そしてなにより、彼女の泣き声の描写である。

「わあゝひと泣く。二聲までなり。平調《ひょうじょう》にして頭は高く後は下れり。引く事、長ふして、一聲のうち、二間ばかりは歩むべし」

現代怪談でもめったに見られないような、おぞましいリアリティ。

ウブメにまつわる物語は数えきれないほど残っているが、私にとっては『宿直草』のこの話こそが、最も怖ろしいウブメ怪談なのである。

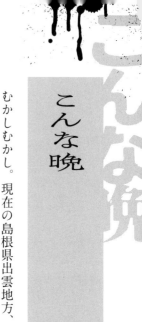

こんな晩

POINT
・殺した子どもがまた我が子に生まれ変わり、罪を告発してくる。
・昔の「六部殺し」は他人を殺すが、今は自分の子を殺す話となった。
・子殺しの恐怖に焦点が移ることで近・現代の怪談が出発した。

むかしむかし。現在の島根県出雲地方、持田の浦と呼ばれる村でのことだ。

この村に、農民の男が妻とともに住んでいた。夫婦はまだ若かったが、子どもはいなかった。妻が何度となく出産しても、そのたび赤ん坊がすぐ死んでしまったのである。

いや本当のことをいえば、その赤子たちは父によって殺されていた。夫婦はたいへん貧乏で、男は子を育てる自信がなかった。だから出産のたび、こっそり夜の川へと投げ捨てていたのだ。妻にはいつも「死産だった」と嘘をついて。

そうして六人の子が犠牲になった。そのうち夫婦の家は金が貯まり、土地まで持てる余裕が生まれた。そこで生まれた七番目の男児を、男は初めて育ててみようと決意した。

愛情を注ぎ、五か月ほど養育していたある夜のこと。赤子を抱いて庭先に出た男は、夜空になんとも大きな月が浮かんでいることに気づいた。

「ああ、今夜はぁ、珍しい夜だ」

思わず感嘆の声を漏らす。すると腕の中の赤ん坊が、ひょいとこちらを見上げた。そして大人びた口調でこう叫んだのだ。

「おとっつぁん！　わしをしまいに捨てさした時も、ちょうど今夜のような月夜だったね」

そして子どもは一言もしゃべらなくなった。男は出家した。


それよりずっと後のこと。どこかは知らないが、やはり若い夫婦の話だ。こちらはそれなりに裕福で、かつ二人とも美男美女の連れ合いだった。

そんな彼らのあいだに生まれた子どもは、美しい父母のどちらにも似ない容貌だった。確かに夫婦の子だったのだが、なぜ自分たちにこんな見た目の子が生まれたのかというやり場のない憤懣が、二人を追い詰めた。

子どもが六歳になる頃には、夫婦はほとほと疲れ果ててしまっていた。

そんなある時、家族旅行として訪れた湖にて、三人は遊覧船のフェリーに乗った。

「パパ、ママ、おしっこ」

湖の真ん中で子どもが突然ぐずりはじめたが、船中にはトイレの設備がない。

「いいから、湖にしてきなさい」

夫婦はぶっきらぼうにそう命じた。子どもはいわれた通りフェリーの端に立ち、用を足そうとした。夫婦は、そんな我が子の後ろにそうっと近づいた。そして、まるであらかじめ計画していたことかのように、自分たちの子どもの背中を思いきり突き飛ばしたのだ。

子どもは湖の底へと沈んでいった。

数年後、夫婦はふたたび新しい命を授かった。

その子は父母によく似た美形だった。二人はたいへん誇らしく、どこまでも手厚く育てようと決意し、前の子のぶんを取り戻すかのように愛情を注ぎ続けた。そうして六歳になった子は、ある湖に行きたいと騒ぎたてた。そこはかつて自分たちが子殺しを行なった場所なのだが、美しい子どもの要求には逆らえなかった。

やはり同じ遊覧フェリーに乗り、湖の真ん中にさしかかった時。

「パパ、ママ、おしっこ」同じように子どもがぐずりはじめた。

「いいから、湖にしてきなさい」同じように夫婦は答えてしまった。

フェリーの端に立つ子どもの背中を、二人はまじまじと見つめた。

すると子どもはこちらを振り返り、呟いたのである。

「今度は落とさないでね」

あの時殺した、あの子の顔だった。

解説　殺した我が子がまた我が子として産まれる、現代の絶対恐怖

「子殺し」は現代怪談における最重要テーマであり、ここから現代怪談が始まったのではないか、と私は考えている。

一本目は「**持田の百姓**」という通称で知られる、ラフカディオ・ハーン（小泉八雲《こいずみやくも》）の怪談。これが日本各地に伝わる「**六部殺し**《ろくぶごろし》」をベースとしているのは明らかだ。

江戸時代から近代まで、日本各地の農村では金持ちに対しよくこう噂していた。

「あの家は、諸国巡礼の僧＝六部を殺して奪った金品を元手に財を成したのだ」

もちろんこれは成功者に対する根も葉もないゴシップだ。また「六部殺し」では、たいてい殺された六部が殺人者の子として転生し、親の罪を暴き、断罪する。

「お前が俺を殺したのは、ちょうどこんな晩だったな……」と。

「六部殺し」のなかでもこうした型を持つ話は、「**こんな晩**」という題で分類される。

これは九世紀から中国に伝わる「**討債鬼故事**」が輸入されたものだ。金銭トラブルを怨みつつ死んだものが、敵の子に生まれ変わって復讐する。つまり中国でも日本でも、我が子に生まれ変わるのは、加害者にとって赤の他人の被害者だ。

しかしラフカディオ・ハーンの「持田の百姓」では、実の我が子が殺されている。昔ながらの「こんな晩」にて子どもを殺すケースは今のところ確認されていない。そ

のため、子殺しについてはハーンが創作した部分ではないかとの説もある。

なぜハーンはそのような改変をしたのか？　それは彼が、我々現代人と共通する恐怖観を持っていたからではないだろうか。

金銭目的で殺害した他人と、自ら殺した自分の子。我が子に転生してきたらどちらが怖いかと訊ねれば、多くの現代人は後者を選ぶはずだ。

絶対的に庇護すべき子どもを殺すというモラルの崩壊。我々の基盤が壊される、だからこそ私たちが最も怖れる、現代の絶対悪。それは、実の親が我が子を殺すことだ。

二本目の話は、おそらく一九九〇年代あたりから都市伝説として広く流布した。

これも広くとれば「こんな晩」型の話であり、**『死《し》霊《りょう》解《げ》脱《だつ》物語《ものがたり》聞書《ききがき》』**における男児・助の殺害シーンの影響も窺える。また現代の類話**「コインロッカーベイビー」**という子殺しの都市伝説とも関連しているだろうか。ただいずれにせよ、ハーンの「持田の百姓」からの直系で生まれたと捉えるべき怪談である。

西洋から来た近代的知識人であるハーン。父と母から見放された捨て子であるハーン。そんな彼は誰よりも子殺しの恐怖を知りつくしていた。だから日本に昔から伝わる「こんな晩」を、子殺しの怪談へと改変したのではないか。それまで日本の怪談では重視されなかった「子殺し」というテーマを、本邦へと持ち込んだのではないか。

なぜならそちらのほうが、もっとずっと怖ろしいから。

そしてこの時、日本における現代怪談が始まったのである。

ザシキワラシ

POINT

・栄えた家が没落すると、ザシキワラシが去ったからだと噂された。
・ザシキワラシの正体はその家の殺された子どもだという説もある。
・ただその噂はいつも没落後に語られ、子殺しと繋がるのは近代以降。

当時から見て数十年前、岩手県遠野《とおの》の山口集落に、孫左衛門《まござえもん》という金持ちがいた。

ある日、孫左衛門の家の梨の木に、見知らぬキノコが大量に生えたことがあった。

「こんなもの食べないほうがいいだろう」、そう孫左衛門は制したのだが。

「水に漬けて麻の茎でかきまわせば大丈夫ですよ」と下男が言うのでその日の昼飯とした。

だがそれは毒キノコだった。家にいた二十数名全員が中毒を起こし、数時間のうちに死んでしまったのである。唯一助かったのは、外に遊びに出ていた七歳の娘だけ。

しかもこのどさくさに紛れて集まった親戚たちが、孫左衛門の家財を味噌にいたるまで持ち去っていった。娘は貧しく孤独のまま老人となり、このあいだ病死したのだという。

彼女が亡くなってから、遠野の人々はこんな噂をささやきだした。

「昔な、孫左衛門の家のやつらが死ぬ直前にな、おかしなものが目撃されたらしいぞ」

ある男が街から帰ってくる途中、橋のほとりで二人の幼女と出くわした。顔も身なりもよい娘たちが肩を揃えて歩いているので「お前たち、どこからきた」と男が訊ねると。

「おら、山口の孫左衛門がところからきた」

沈んだ様子でそう答えるので、ではどこへ行くつもりか質問を重ねると。

「○○の村の、××の家だ」

そういえば××家はちょうどその頃から金回りがよくなり、今では立派な豪農である。だからなのか、と人々はささやいた。二人の幼女はザシキワラシだったのだ。孫左衛門の家はザシキワラシがいなくなったので滅び、代わりに××家が栄えたのだ……と。

この話を語ったのは遠野出身の佐々木さん。ザシキワラシを世に広めた第一人者だ。

「単に私個人の連想で、ザシキワラシとは似て非なるものかもしれませんが」

佐々木さんはそう注釈した上で、「若葉の魂」との関連性を指摘している。すなわち幼くして死んだ子ども、間引きで殺された子どもたちのことである。生まれてすぐ圧殺された嬰児《えいじ》は、土間の踏み台の下など、よく人々に踏みつけられる場所に埋められた。そうすれば病気を癒やす守り神となる、と信じられたからである。

「無残な死に方をした幼児の霊魂も、家の梁の上に留まるといいますね。例えば」

土淵《つちぶち》村字火石《ひいし》の庄之助《しょうのすけ》の家では、一族そろって餅を食べていたところ、ふいに童女用の小櫛が落ちてきた。驚き見上げた家族のうち、分家の老人はこう証言している。

「髪を乱した少女の顔だけが、梁にくっついていて、じっと下を見つめていたんだ……」

それは飢饉の年に飢え死にした、この家の下働きの少女ではないかというものもいる。

同村の山口では、天明の飢饉の際に子殺しが行なわれたそうだ。その家の男児には盗み癖があり、飢饉に瀕した村ではたいへんな厄介ものとなっていた。困り果てた父親は男児を山に連れ出し、岩の上に寝かせた。そして斧をふるい、彼の頭に斬りつけたのだ。

「父《とと》はなにをする！」

男児は飛び起き、そう叫んだ。しかし父親はさらに斧を高々と持ち上げて。

「その訳はあの世で聞いてくれ」と息子の頭を打ち砕いた。

殺された男児の霊は、百年以上経った後もずっと、その家にとりついている。今でも時折、天井の梁のほうから「ととはなにをする」という哀しい声が聞こえるそうだ。

栃内《とちない》の山下家には、これまた天明の飢饉の折、盗癖があるとして殺された男児がいたという。座敷のきつの中に入れ、かたく蓋をして蒸し殺したのである。この家で念仏講を行なっている最中、一同が「餓鬼の念仏なんまみだ」と唱えたところ、梁の上から子どもの声で「餓鬼の念仏なんまみだ」と返ってきたことがある。他にも客人がくると、ザシキワラシのような行動をして驚かしたりもするらしい。

解説

それは本当に殺された子か？　そもそも富をもたらすのか？

岩手県のローカルな怪談／妖怪「ザシキワラシ」が広く知られるようになったのは柳田國男《やなぎたくにお》**『遠野物語』**（一九一〇）から。またそれらの伝承を柳田に語ったのは遠野出身の作家・佐々木喜善《ささききぜん》で、彼自身による著作**『奥州のザシキワラシの話』**（一九二〇）がさらに知名度を高めた。先述の怪談は全て、佐々木喜善が遠野で聞き及んだ話だ。

佐々木は同書にて、間引きにより殺され、床下に埋められた乳幼児（＝若葉の霊）とザシキワラシとの関連性を指摘した。この仮説は注目を浴び、南方熊楠《みなかたくまぐす》『人柱の話』（一九二五）、折口信夫《おりくちしのぶ》「座敷小僧の話」（一九三四）などに引用された。つまりザシキワラシと子殺しが結びつけられるようになったのは、せいぜい二十世紀以降なのだ。

また佐々木や他の学者たちにしても、ザシキワラシ＝間引き説をそれほど強力に主張しておらず、あくまで推測だと断っている。とはいえショッキングな真実をあばくという印象が強いためだろう、現代では「間引きされた子の霊がザシキワラシの正体である」との言説ばかりが支持されるようになっている。

もちろん昔の日本には、若くして死んだ嬰児の霊に富を期待する信仰があっただろう。しかし当時「あの家はザシキワラシがいるから裕福なのだ」と語られていたかどうか、私は怪しいと思っている。ザシキワラシが語られるのはたいてい栄えていた家が没落した後。「あの家にはザシキワラシがいたが、去っていったから滅びたのだ」と説明される。時系列として過去に遡り、現在における負の側面を強調するかたちで語られるとの意味で、「**こんな晩**」「**コトリバコ**」とそっくりではないだろうか。

そんなザシキワラシだが、近代に入って「発見」され、さらに一九七〇年代の遠野ブームによって「再発見」されることにより、元々の地域伝承から離れた全国区の妖怪キャラとなっていく。ちょっと考えてみてほしい。旅館や家に出現し、イタズラめいた怪現象を起こす子どもらしき霊について語る時、我々はどの地域かにかかわらず全て、福をもたらす「ザシキワラシ」として扱っているではないか。

ザシキワラシが出ると主張する宿は全国各地に点在し、宿泊者たちはそこで幸福を祈願したり、写真におさめようとスマホを構える（たいてい**オーブ**が写るとザシキワラシ撮影に成功したとされる）。それらのスポットがインターネットやテレビなどで紹介され、さらなる人気に繋がっていく。福をもたらす幼児霊＝ザシキワラシという説明ツールは、もはや完全に日本人に定着してしまった。

ザシキワラシは殺された子どもだという言説は、これと表裏一体だ。ひたすら福をもたらす明るい存在と解釈されるようになったからこそ、裏返しとしての〝隠された真実〟が面白さを増す。これもまた、子殺しを重要テーマとする現代怪談の一つの表れなのだろう。とはいえ私はそれを否定してはいない。各時代によって語られ方を変幻自在に変えることこそが、怪談というメディアの持つ強みだからだ。

コインロッカーベイビー

POINT
・コインロッカーに捨てた子が成長した姿で現れ、過去の罪を暴く。
・一九七〇年代の社会問題を背景に生まれた現代版の子殺し怪談。
・捨てられた子が成長する点（生死不明）は他の子殺し怪談と異なる。

望まぬ妊娠をした女子高校生がいた。

子の父である男に逃げられた彼女は、誰に相談することもなく、ひとりぼっちで赤子を出産する。しかしまだ若い彼女に、子を一人で育てられる自信などなかった。

生まれたばかりの新生児を抱いて、女性はひっそりと渋谷駅の裏手へ向かった。いつもそこだけ通行人の少ない、コインロッカー置き場を目指すためだ。

いちばん隅のロッカーを開けて、我が子をその中に入れる。そして扉を閉じるとそのまま鍵もかけず、足早に立ち去ってしまったのである。

それからずっと、彼女は渋谷の街を避け続けた。渋谷駅で下りることすらいっさいなかった。しかし社会人となり、仕事をするようになったらそうはいかない。

用事のため、女性は久しぶりに渋谷駅の改札をくぐることになった。目指す方向へと歩いているうち、ふと気づけば例のコインロッカーが見えてきた。六年前に自分がしたことを頭から追い出し、足早にその前を通り過ぎようとしたところで。

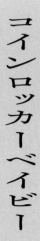

目の端に小さな人影が映った。コインロッカーの前で、ひとりの男の子が泣きじゃくっていたのだ。それを見た女性の胸が、ズキリとうずく。見も知らぬ子なのに、なぜだろうか。小学校に上がる前あたりの、その男児がやけに気になって仕方ない。

「大丈夫？　迷子になっちゃったの？」

そっと近寄り、声をかける。男の子は泣くばかりでなにも答えない。

「おうちの人は近くにいる？」

やはり男の子はうつむきながら無言で涙を流すばかり。

女性の口から、思わずこんな一言が漏れた。

「お母さんはどこかな？」

そのとたん、男児は顔を上げて、キッとこちらを睨みつけた。

そして大声で、こう叫んだのである。

「お前だ！」

解説

赤子を子宮の箱へと返す、子殺しと再生の願い

「**こんな晩**」と同じ、子殺しの親が告発されるタイプの怪談である。

この類型が実は近現代的なストーリーテリングだというのは、「こんな晩」の項で触れたとおり。コインロッカーベイビー怪談が流行りだしたのはおそらく一九八〇年代、フェリーの親子などの現代版「こんな晩」と同時期だろう。

さらに一九九〇年代、渋谷と女子高生という若者文化が注目されるなか、先述したようなフォーマットが定着していった。

生まれてすぐの新生児を駅・道端のロッカーに遺棄してしまうコインロッカーベイビー事件は一九七〇年代に多発し（一年に四十件を超す時もあった）、大きな社会問題として扱われた。その後は推移を減らしたものの、八〇年代から現在までほぼ毎年、単発的な発生が続いている。

ただしコインロッカーベイビー事件については、報道の過熱という面も大きかった。実はセンセーショナルに社会問題化した七〇年代でさえ、児童遺棄案件の全体数に比べてコインロッカー遺棄の割合が増えていたわけではなかったのだ。当時のマスコミや評論家による「現代の母親は母性を喪失している」との言説＝母性喪失神話にとって好都合だったから大きく取り上げられやすかっただけだ。

これは同時期に発生した「水子供養」への強要圧力とも足並みを揃えているだろう。堕胎した胎児はきちんと弔わなければ祟りをなす（だから寺社に金を払って供養しなくてはいけない）といった考え方は、けっして日本の伝統的宗教観ではない。一九七〇年代、一部の宗教組織が提唱した新しい考え方だ。

ではなぜ、コインロッカーベイビー事件は実態以上に社会問題として大きく紛糾したのだろうか？

それを怪談的視点から解き明かすなら、嬰児を殺して箱の中に入れるという行為が、人々の心を過剰に刺激したから……といった理由を求めることができる。このすこぶる怪談的・呪術的な事象について、当時の日本人がビビッドに反応してしまったのだ。

近代以前、死んだ（間引きした）新生児の遺体を置く場所として、小さな洞窟や古墳の石室が選ばれることはよくあった。それらは今でも日本各地に「捨て子塚」「子捨て塚」「赤子塚」などの名称で伝えられている。目につかない場所だからという実際的理由のほかに、もと来たところである子宮へ戻す「子返し」のイメージとして、岩穴や洞窟が選ばれたのだろう。

コインロッカーへの新生児の遺棄もまた、子宮へ「返す」想像が含まれていたのではないか。もし手元から捨てたいだけであれば、当時なら路地裏のゴミ箱に投げ入れたり、深夜の公衆便所へ放置したりすることもできたはずだ。だがそこでコインロッカーが選ばれたのは、子どもが子宮へ戻され、またいつか産みなおされるという想像がどこかにあったからなのでは。

生まれたばかりの赤子を小さな箱に返す。これは「**コトリバコ**」の怪談と一面で共通しているが、同時に正反対でもある。コトリバコは死んだ子どもたちをその中に閉じ込め、どこにも出さない。その歪みこそが呪力を生じさせ、コトリバコを最強の呪物となす。逆に言えば、「返された」子がまたどこかで産みなおされないのは不自然な歪みだと捉えているからこそ、こうした負のイメージが出てくるのだ。

コインロッカーベイビーの怪談は、確かに子殺しの母を糾弾する話ではある。だが一方で、捨てられた子がそのまま成長していくといった想像を持たされる話でもある。

それは「コトリバコ」とはベクトルが異なる怪談だ。むしろ、土葬された妊婦の腹より生まれた子どもが墓から地上へと出る「土中出生譚」「飴買い幽霊」のほうに近い。いったん暗くて狭い子宮のような箱に「返された」子どもが、再びこの世に戻ってくる。コインロッカーベイビーの怪談には恐怖と告発だけでなく、そのような願いの一片も孕んでいるような気がするのだ。

コトリバコ

POINT
・幼な子を供物につくる最強最悪の呪物コトリバコにまつわる話。
・子殺し怪談に民俗ホラーを融合させ、現代怪談に新境地を開く。
・二〇〇〇年代ネット怪談の代表作として大きな影響を及ぼした。

二〇〇五年六月六日昼過ぎ、2ちゃんねるオカルト板「死ぬ程洒落にならない怖い話を集めてみない？99」に、次のような体験談が投稿された。

現場は、おそらく島根県のとある地域。三十代手前だという投稿者「A」は、その日、地元の友人たちと遊ぶ約束をしていたそうだ。

「Aってさ、クイズとかパズル得意だったよね？　面白いもの持っていくね！」

遅れてやってきた女友だちが、奇妙な箱を持ってきた。家の納屋を掃除しようとしたら出てきたという、小さなブロックが組み合わさった二十センチ四方ほどの木箱だった。

「それ以上触んなや！　触んなや!!」

突然、神社の息子である男友だちが騒ぎ出した。彼はそのまま嘔吐したかと思うと、泣きながら父親に電話をかけ始める。

「とうちゃん……コトリバコ……コトリバコ友達が持ってきた」

それは百数十年前、乳幼児たちを生贄にして作られた最強の呪物コトリバコだった。

話は明治元年頃にまでさかのぼる。隠岐騒動の「反乱を起こした側の一人」という男が、投稿者たちの集落へと逃れてきた。その際、男から地元民たちに伝えられたのが、コトリバコ＝子取り箱の作り方だった。

「最初に、複雑に木の組み合わさった木箱をつくること（略）その木箱の中を、雌の畜生の血で満たして、1週間待つ／そして、血が乾ききらないうちに蓋をする。／次に、中身を作るんだが、これが子取り箱の由来だと思う。／想像通りだと思うが。間引いた子供の体の一部を入れるんだ。／生まれた直後の子は、臍の緒と人差し指の先。第一間接くらいまでの／そして、ﾊﾗﾜﾀから絞った血を／7つまでの子は、人差し指の先と、その子のﾊﾗﾜﾀから絞った血を／10までの子は、人差し指の先を／そして蓋をする」（改行以外、原文ママ）

こうして、一～七人までの子どもを殺して、幾つかのコトリバコが作成された。その効果は凄《すさ》まじく、呪いたい相手の家に箱を置くだけで「女と子供を取り殺す。それも苦しみぬく形で／何故か、徐々に内臓が千切れるんだ。触れるどころか周囲にいるだけでね」

これまで迫害されてきた集落のものたちは、自衛のための武器として十六個のコトリバコを作成し、持ち回りで管理することにした。そして百年以上が経ち、投稿者たちがその一つを偶然に発見。凶悪な呪いの片鱗に触れることになってしまったのである――。

解説 殺した子の転生も成長も拒否する、忌まわしき呪物

ネット怪談の金字塔「コトリバコ」は、投稿された直後から大きな話題となった。同日夕方には専用スレッド「ことりばこ」が立てられ、その後も考察スレッドが乱立。いまだに語り継がれているだけでなく、「コトリバコの風習のある地域を実際に発見した」といった情報が発信されることまである。

その影響力は凄まじかった。「集落に隠された因習と謎についての恐怖譚」というストーリーラインは（先行作品に「**くねくね**」があるとはいえ）、「**巨頭オ**」「**ヤマノケ**」「**八尺様**」など二〇〇〇年代ネット怪談の方向性を決定づけた。こうした〝民俗ホラー〟と呼ばれる傾向は、現在でも怪談およびホラー作品の定番となっている。

コトリバコが嬰児殺しの呪法をモデルとしていることは間違いない。乳幼児たちを生贄として閉じ込めたものが最強の呪物である……という考え方だ。

例えば東南アジアでは**クマントーン**や**トヨル**など、殺害した胎児ミイラを最強の呪物とする信仰がある。もっともクマントーンや、その延長である**ルクテープ**（タイの現代版・魂込め生き人形）では、幼児霊を育てることで呪力を強めようという発想が見られる。あたかもポケモンをどんどん育成して大きく強力にしていくように、それが死霊であろうと精霊であろうと「成長」すべき存在と捉えているのだ。

しかしコトリバコは違う。その呪力は百年以上続くとはいえ、だんだん衰えていくばかりだという。箱に閉じ込められた乳幼児の霊は、けっして成長することなく、まるで放射性廃棄物のように、その存在が減衰するまで忌避され放置されるだけだ。

こういった面からして、コトリバコという呪法は、古くからの東南アジアの幼児霊信仰をモデルにしつつも、より現代怪談の恐怖に沿っている印象を受ける。その呪いはひたすら女子どもだけにクローズアップされ、男たちにはいっさい作用しない。それどころか男たちは敵方の血を根絶やしにして利益を得るばかりだ。

そもそもコトリバコの制作方法からして、子どもの間引き＝子殺しを前提としている。それなのに死んだ子どもたちの怨念が攻撃する対象、「血反吐を吐いて苦しみぬいて死ぬ」のは、「子どもと子どもを産める女」だけだ。「子どもを産める女性」つまり未来の母親という対象設定も、最終的には子殺しを目的としているだろう。

コトリバコの呪術で利益を得る男たちと対照的に、苦悶と死を引き受けるのは、ひたすら幼子と母親だけ。現代人である投稿者と私たち読者は、これを絶対的な理不尽だと感じる。敵対関係にある男たちが呪術合戦で惨死しようと大した恐怖も興味もわかないが、その被害者が「子どもと母親」になったとたん、最大限の恐怖とおぞましさを覚える。設定としては古びた因習や太古の呪術を扱っているように見せて、実はまったくもって現代的な恐怖を提示している。

だからこそコトリバコはネット怪談を代表する名作となったのだろう。

二章

巨女

安義橋の鬼
丑の刻参り
カシマさん
口裂け女
八尺様、アクロバティックサラサラ
窓から覗く顔

安義橋の鬼

POINT
・安義橋で出会った鬼から、馬とともに逃げるスリリングな怪談。
・幻想怪奇譚のようでいて「実話」の構造が周到に計算されている。
・『今昔物語集』の語り口は現代の実話怪談にも通じている。

近江国《おうみのくに》、今の滋賀県に赴任していた、とある人物が語った話。彼の名前は伝わっていないので、仮にXさんとしておこう。

Xさんは中央から派遣された役人で、その下では多くの部下が働いていた。ある日、役所の若者たちがなにやら大声で口論しているので、トラブルでも起きたか訊ねてみると。

「バカな話をしていただけで、申し訳ありません」

いつも元気のいいAが、珍しくそう謝ってきた。

「こいつらと、安義橋《あぎ》を渡るかどうかで言い争ってまして……」

安義橋とは地元で有名な心霊スポットである。なぜか「誰一人として無事に渡れなかった」との噂が広まり、ずっと無人の状態が続いているのだ。

「Aのやつ、そこを渡ってやると豪語したんですよ。この屋敷で一番早い馬を貸してくれたら、たとえ鬼が出たって平気だと」

別にその馬を貸すことは問題ない、とXさんは承諾した。恐縮したAがそれを断ろうとしたが、「今になって逃げるな」「早くしないと日が暮れるぞ」などと周囲がはやし立てたので、結局、Aはその馬に乗って安義橋を目指すこととなった。

ここから先は後日、Aから伝え聞いた話である。

街から遠く離れた安義橋に辿り着くころには、日も沈みかけていた。もちろん人の気配などいっさいなく、心細く思いながら橋を渡ろうとしたところ。

橋のなかほどに、女が立っていたのだという。口元を隠して、置き去りにされたかのように欄干にもたれかかっている。その哀れな様子に、Aはとっさに馬から下りかけたのだが。

――いや違う。

この女は、まるで宮中の女官のような、地面までひきずる赤い長袴を履いている。そのようなものがこの橋にいるのは、明らかにおかしい。

Aはかたく目を閉じ、無言で女の前を通り過ぎようとした。すると女は、なぜ通り過ぎるのか、私はここに置いていかれた、街まで連れていって……とぶつぶつ囁《ささや》きかけてくる。

耐えきれなくなったAが馬を元のほうへ引き戻し、全速力で走らせたところ。

「ああああ！　なさけないいいいい！」、背後から、地面を震わせるほどの大声が響いた。

――鬼だ、やはり鬼だった。

今、自分は、必死に鞭を入れて、最高の駿馬を、トップスピードで走らせている。

それなのに、すぐ後ろで、馬の尻が今にも摑まれようとしているのがわかる。

……じゅりっ、じゅるっ……。

ぬめった音が、すぐ背後で鳴り続けているからだ。

振り向くと、女はもう二倍ほどの背丈になっていた。真っ赤な顔には、琥珀《こはく》色の目が一つだけ。長い爪のはえた三本指の両手で、何度も何度も馬の尻を摑もうとしている。

だが幸いにして、そこはAが出発前にたっぷり油を塗っていたところだ。

じゅるっ、じゅるり……鋭い指は、馬のつややかな皮膚を滑るだけだった。

こうして命からがら、Aは日暮れ前に役所まで戻ってくることができた。息を切らして倒れこんだAを介抱した後、Xさんは上記の出来事を知ったのだという。

「Aによれば、逃げ切る直前、『また会うぞ』という声が背後から聞こえたのだとか……」

ただし話はここで終わらない。これ以降は、XさんがAの妻から聞いた話となる。

安義橋での一件以来、Aの家ではたびたび怪現象が起こったらしい。困り果てたAが陰陽師に相談したところ、「〇月×日、厳重に家に閉じこもること」との占断が託された。

当日、Aと奥さんは指示通りに門を閉鎖し、かたく物忌みしていた。だがそこに突然、Aの弟が大勢の部下を引き連れ訪ねてきたのである。いくら門を叩かれても、Aは明日また再訪するようにと拒否し続けたのだが。

「兄貴、開けてくれ。母さんが亡くなったんだ」

……ああそうか。つまり物忌みの占いとは母の死を示していたのか。

そう納得したAは門を開き、喪服の弟と部下たちを招き入れた。

奥さんは簾の内側から、Aたち兄弟が泣きながら語り合う様子を見ていたらしい。

だが突然、Aが弟の身体を摑み、バタバタと上になり下になり争い始めたのだ。

「なに、どうしたの!?」と奥さんが近寄ると、Aは弟に馬乗りになって怒号をあげた。

「その枕元にある太刀を、こっちによこせ！」

「なにいってるの！　あなた、おかしくなったんじゃない!?」

「いいからよこせ！　俺を殺す気か！」

夫婦が言い争っていたその時。弟がAを押し返し、逆に馬乗りになったかと思うと。

ぶっつり、彼の首を引きちぎってしまったのである。

唖然とする奥さんに向かって、弟はこう言った。

「嬉しいな」

その顔は、Aから聞かされていた安義橋の鬼そのものだった。

解説　鬼に追われて殺された男の体験を、どう語るのか

『今昔物語集』最恐の呼び声も高い「**近江国の安義橋の鬼、人をくらふこと**」である。

この後、鬼は煙のように消えてしまったそうだ。彼が引き連れていたはずの部下や馬たちは、いつのまにか様々な獣の頭蓋骨になっていた……というラストの描写もなかなかおぞましい。

この話については、スリル満点のチェイスシーン、鬼の怪物的な造形といったわかりやすい箇所が恐怖の醍醐味だとよく指摘される。それも確かに間違ってはいないが、むしろあまり目立たない**構成**や**視点**にこそ目を向けてみるべきではないか。実話怪談を生業としている私からいわせれば、そのほうが『今昔物語集』の怪談としてのクオリティが理解できるからだ。

『今昔物語集』を読んで驚かされるのは、意外にもしっかり**実話怪談**形式の構成で組み立てられているということだ。大前提として、創作話ではなく実話として語られていたのだから当然ではないか、と思うだろうか。しかし怪談が書かれていく際、現代ですら「実話」という形式がきちんと理解されておらず、破綻することがよくあるのだ。例えば「体験者が幽霊に殺されて終わり」という展開。そこで死んでしまったのなら、当事者の体験談をいったい誰が話したのか、それを誰が聞いたのかという疑問

が出てしまう。そこまで極端ではないにせよ、誰の体験を誰が体験談として話し、それを聞いた誰が誰に伝えたのか……という「語り手の視点」の取り扱いが破綻しているケースは、近年の実話怪談ですらたまに散見される。

その点、『今昔物語集』は千年前の説話集にもかかわらず、「語り手の視点」について非常に周到な構成がなされている。残念ながら『今昔物語集』の著者は不明で、もしかしたら複数人による著作かもしれない。ただいずれの場合も、実話形式を保持するための執筆スタイルが確立されていたことが窺えるのだ。

それはこの話のように主人公が死んでしまう話でこそ、より際立ってくる。

まず当然ながら、各話を取材し再構成したのは著者だ。そして「安義橋の鬼」の体験者は、馬で安義橋に向かったAである。だがここで注意したいのは、著者が取材した**語り手**がAではないという点だ。おそらくエピソード全体の語り手はAの上司である近江守Xに設定されている（AもXも原文では名前が記されていない）。

これについては原文でもきちんと示唆されている。まず冒頭、「**今昔、近江の守□□の□□と云ける人、其の国に有ける間……**」とXの紹介から始まり、安義橋からAが帰還した場面で「**守も心もと無がりて問ければ**」とXが再登場する。Xの視点でドッキングされているからこそ、間に挟まれた安義橋での鬼とのパートが、XがAから聞き知った話として理解できる。またその直後にも「**妻子眷属に向て、此の事を語て恐けり**」とAが家族に安義橋での体験を語ったことが記される。安義橋パートは体験者

Ａしか目撃していない場面であり、死んだＡには取材できないのだから、Ａ視点のみで話を組み立てると破綻してしまう。このように「体験者が誰かに体験を語ったこと」「その誰かがまた話を広めたこと」というリレーを示さねばならないのだ。

そして後半の自宅部分。これこそＡが殺される場面なので、Ａ視点のみで話を進めるわけにはいかない。だから弟に化けた鬼を屋敷に入室させて以降のシーンでは、しっかりＡの妻の視点へ移動し、妻からの報告となるよう工夫されている。「**妻は簾の内に居て、此の事共を聞く程に……**」と描写している一文がその転換点だ。語り手は死んだＡではなく妻なのだから、実話としての破綻も矛盾も起こらない。ただ原文を読む限り、著者がＡの妻に直接取材したのかどうかは不明である。今回のリライトでは、ＸがＡの妻から話を聞き、そのＸに著者が取材した又聞きではないかと解釈した。

もちろん作者自身が直接Ｘへ取材しておらず、Ｘから外に広まった話を又聞きしたという可能性の方が高くはある。また根本的なことを言えば、そもそも『今昔物語集』全体が、体験者周辺に取材した記録ではなく、先行する説話集からの流用や、世間に流布した説話――都市伝説のような話を集めたものと解釈すべきなのだろう。とはいえこの名作集については実話怪談として読み込んでも成立する、きちんとした実話形式を構築している面もまた無視できないのだ。

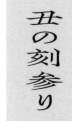

丑の刻参り

POINT
・貴船明神の託宣を受けた宇治の橋姫は、恋敵を殺すため鬼と化す。
・現代まで続く呪いの儀式「丑の刻参り」のルーツとして語られる。
・丑の刻参りは作法を変えつつ、どの時代も連綿と続けられてきた。

嵯峨《さが》天皇の時代というから西暦八〇〇年代の初め頃、京都に一人の女がいた。

彼女はただの人間だった。恋人を女にとられて嫉妬に身を焦がす、いつの世もいる普通の女性だった。その情念が神をもたじろがせるほど凄まじい点を除けば。

「私を生きながら鬼神にさせてください。そして妬ましいあの女を殺させてください」

七日にわたり貴船の山にこもって祈る彼女に、次のようなお告げがくだった。

「本当に鬼になりたいなら、身支度を整え、宇治の川に二十一日のあいだ浸かりなさい」

この言葉は彼女の妄想だったかもしれない。また本当に貴船明神の託宣だったとしても、神はただ彼女を落ち着かせたかっただけだろう。祈願の正装「白装束」を着て、川で体を清める精進潔斎をしなさいという、当時としては常識的なアドバイスをしたにすぎない。

だが嫉妬に燃える彼女は、白装束どころか「赤い女」に変身したのである。笑いながら都に戻った女は一人ひそかに身支度を整えた。赤色の顔料を全身に塗りたくり、頭には鉄輪《かなわ》を逆さにかぶる。鉄輪の足には三つの火をつけた松を刺し、口には両端を燃やした松明をくわえる。この時点で、もはや彼女の姿は鬼そのものだった。

女は宇治川を目指すために毎夜、大和大路を南に走り抜けた。闇の中、真っ赤な顔と体が浮かび、頭には五つの赤い炎が燃えあがり、太い眉と鉄漿《かね》の歯だけが黒々と輝く。それは目撃したものが見ただけで卒倒し、死んでしまうほど凄まじいものだったという。

そして宇治川に浸かり水行をなした女は、ひどく強力な鬼となった。憎い恋人と妬ましい恋敵の命を奪っただけでなく、その一族縁者までをも皆殺しにしてしまう。京都の人々は震えあがり、この鬼女を「宇治の橋姫」と呼んだ。

百五十年ほど経って、京都で行方不明者が続出した時も、彼女の仕業ではないかと噂された。同じ頃、武士である渡辺綱《わたなべのつな》が鬼の手を斬り落としたという事件があったが、その鬼が宇治の橋姫と同一人物であるかどうかはわからない。いや、おそらく橋姫は今でも生きているだろう。少なくとも橋姫の呪いの心は、今でも確実に受け継がれているはずだ。

なにしろ彼女を怖れる人々とはまた別に、彼女と同じ願いを持つ人々も大勢いるのだから。赤装束から白装束へ、または神木に五寸釘を刺したり藁《わら》人形を使うようになったりと、儀式の作法は時代によってかたちを変えている。しかし呪詛する心は橋姫の頃とまったく変わらず、現代まで千年以上も受け継がれている。「丑の刻参り」と呼ばれながら。

解説

鬼となった女の意志は、今もなお受け継がれて

平安時代までの宇治の橋姫は、橋や水にまつわる女神として扱われたり、本妻への嫉妬にかられる哀れな女性として和歌に詠まれたりしていた。

しかし後世の『**平家物語**』「**剣巻**《つるぎのまき》」では、相当にエキセントリックで怖ろしい鬼女となってしまった。その圧倒的な存在感から、丑の刻参りの元祖として扱われるようになったのだろう。

「丑の刻参り」または「丑の時参り」と呼ばれる儀式は、中世から江戸時代、そして近代から現代にかけて、かたちを変えながらずっと行なわれ続けている。

憎い相手への攻撃的呪術とばかり捉えられがちな丑の刻参りだが、そうではない事例も数多かったことは最初に言い添えておくべきだろう。家族の病気平癒や安全祈願など穏当な願いのため、白装束で深夜の神社にお百度参りすることもまた「丑の刻参り」と言い慣わしていた。戦後あたりまでは日本各地に残っていた風習だ。

もっとも昔から怖ろしい儀式とイメージされていたのも揺るぎない事実ではある。

例えば戸田茂睡《とだもすい》が著した『紫の一本《ひともと》』（一六八〇頃）では、作者とおぼしき主人公が丑の刻参り後の女と出くわし、おおいに慌てる様子が描かれている。女は二十歳ほど、乱れ髪に荒縄の鉢巻き、白帷子《かたびら》に白帯といった風体。商売女にいれあげて自分を捨て

た元夫を呪うため、山王権現《さんのうごんげん》（現・山王日枝神社）に丑の刻参りをした帰りだという。主人公に「自分を殺してください」と詰め寄る異常さを見るに、当時も丑の刻参りについては人の情念の怖さ、今でいうヒトコワ怪談として扱われていたのだろう。

この例からもわかる通り、江戸時代となると丑の刻参りはもはや一般常識として定着していた。ただし描かれた絵画を見る限り、現在のように藁人形を使う作法はスタンダードではなかったようだ。多くの図像では人形を介さず、樹木へ直接に五寸釘を打ちつけている。おそらくご神木を傷めつけることで呪力を生じさせ、それを敵である対象に差し向けるという発想だったのだろうか。

確かに人形＝ヒトガタというものは、そもそも自分に向けられた呪いを肩代わりさせるためのもの、攻撃ではなく防御のための呪物だったはずだ。「剣巻」を参照したとおぼしき能の演目『鉄輪《かなわ》』では、夫の浮気に嫉妬した女が、貴船神社で丑の刻参りの儀式を執り行なっている。呪われたと察知した夫は、陰陽師・安倍晴明《あべのせいめい》に救助を依頼。そこで晴明は身代わりとなる人形＝ヒトガタを用意し、呪いの対象を差し替えることで、女の計画を失敗させたのだ。これが十九世紀以降になると、次第に藁人形を使って攻撃するという形式に変化していく。本来は逆の目的だったものが反転することは、呪術ではよくあることだ。また身代わりという観点からすれば、呪われた相手に見立てた藁人形を防御に使おうと攻撃に使おうと間違っていないのかもしれない。

逆に昔は一般的だったがだんだん廃れてしまったのが「櫛や剃刀を口にくわえる」

作法である。特にツゲの木の櫛をくわえるのは、往年の典型的スタイルだった。これを逆手にとって応用したのが、わざと櫛をくわえることで丑の刻参りを行う女に偽装するというライフハックである。わざわざそんなカモフラージュをする意味があるのか……と思うだろうが、これには理由がある。

丑の刻参りを他人に見られると、その呪いが呪詛者本人に返ってきてしまうというルールはよく知られている。その場合、呪詛者は必死になって目撃者を殺しにかかる、というのも昔からの常識だった。だから女一人で夜の山道をゆく状況などでは、わざと白装束で櫛をくわえて丑の刻参りを偽装し、不貞の輩を遠ざけるようにしたのだ。

これにまつわるエピソードは昭和に入ってもなお、日本各地の実見談として残っている。また櫛を逆さにくわえた様子が、遠目には口が耳まで裂けた顔に錯覚することもポイントで、私はこれが「**口裂け女**」の源流になったのではないかとも推測している。

このように丑の刻参りは定型の作法がなく、各時代で変化し続けているのが特徴だ。だからこそ今でも現役の呪術として残っているのであり、私自身、神社の木に釘やピンで打ち付けられた写真やヒトガタ、つまり丑の刻参りの痕跡を何度も目撃している。

宇治の橋姫の呪いの意志は、現代人にまで連綿と受け継がれているのだ。

カシマさん

POINT
・名前を聞くと現れ名前を呼べば去る、五十年にわたり語られる怪異。
・日本の都市伝説キャラクターの元祖で、発生は口裂け女より古い。
・足のない女か傷痍軍人のイメージが多く、いまだ現役で活躍中。

「カシマさん」。この名をあなたに聞かせてしまったことを許してほしい。

名前を知ったあなたのもとに、カシマさんがやってきてしまうからだ。

カシマさんは悲惨な事故にあった女性、または戦争で傷ついた男性とされる。いずれにせよ手足など体の一部を失った人で、欠損しているのはたいてい両足であることが多い。

そして彼女または彼は、自ら命を絶ってしまったため怖ろしい悪霊となった。

あなたの前に現れたカシマさんは「足、いるか？」と訊ねてくるだろう。その質問に対して「いる」「いらない」どちらを答えても、あなたは殺されてしまう。「いる」と答えれば足をつけられて、「いらない」と答えれば足をひきちぎられて。

正しい対処法は「カシマさんカシマさんカシマさん」と、その名前を三度唱えることだ。

そうすればカシマさんは去っていくはずだから……。

カシマの怪談は、一九七〇年代から現在にいたるまでずっと語り継がれている。発端は一九七二年の北海道札幌市。話を聞いてから三日目に「化死魔サマ」という下半身のない妖怪が現れる。そこで三つの質問に答えないと呪い殺されてしまう。それが嫌なら三日以内にこの話を五人に伝えなければならない。そんな噂が、市内の中学生たちに広まった。

同年秋、新潟県糸魚川市の小学生たちも「カシマ」という幽霊の噂に震えあがった。カシマは顔の左半分が焼けただれ、鈴の音とともに姿を現す。そして質問を投げかけるのだが、正しい回答は場合による。「足、いるか？」と問われた時、両足のあるカシマだったら「いらない」、右足がないカシマだったら「いる」と答える。また名前を問われた時は、「カシマ」と正確に言い当てる。それらを間違えれば、一週間以内に殺されてしまうという。

一～二年後の富山県八尾町で広まった「カシマさん」は、鏡や窓ガラス、消えたテレビ画面に映り込むというものだった。本来なら自分の姿が反射するべきところにカシマさんが映ってしまう。それを見ると、自分がカシマさんになってしまうのだ。

同じ頃、大阪でも奇妙な噂が流れた。夜中、体が半分溶けた「ひろしまの幽霊」が現れ、次の質問をしてくるので正確に答えなくてはいけない。①「ここどこ？」→「カシマ」②「あんたどっからきたん？」→「ホッキャーロ」（北海道をこう言わなくてはいけない）③「あんた足ある？」→「ない」④「今ひま？」→「忙しい」。もし回答を一文字でも間違ったら、どこかにさらわれて二度と帰ってこられないのだとか。

初期のカシマは男女の区別がなく、そもそも人型かどうかも怪しかったが、次第に男女へと分かれていく。女性なら事故で足を失ったことを嘆いて自殺したというパターン、男性なら戦争で体を欠損した傷痍《しょうい》軍人というパターンが主だ。いずれも足にまつわる質問をし、名前を言い当てると立ち去る場合が多い。

さらに時代が進むと出現方法や質問内容、なぜ死んだかの背景、名前の種類（カシマレイコ、キジマさんなど）について様々なパターンが出てきた。カシマの名を呼ぶのが撃退法という基本ラインは守りつつ、「仮面のカ、死人のシ、悪魔のマ」と由来を唱えるケース、カシマさんを呼べば悪霊から守ってくれるという逆転ケースも見られる。しかし近年は逆にイメージが狭まり、「両足を失った赤い服の女性」が主流のようだ。

ともかくカシマ怪談は、一定のパターンがあるように見えながらも、様々に変化して捉えどころがない。それはカシマさんこそが、口裂け女よりも早くに生まれた日本の都市伝説キャラクターの元祖であり、現代怪談の大ボスともいえる存在だからだろう。

人々に語られることで伝染し、増殖し、変化していく。まさに「怪談」というメカニズムを具現化したのが、カシマさんなのである。今こうしてカシマさんについて語っていることもまた、その闇のメカニズムにとりこまれているにすぎない。

だからカシマさんは語られ続ける。そして必ずあなたの前に現れる。いつか、必ず。

解説

謎めいた変化を続ける、都市伝説のビッグ・マザー

カシマ怪談はとにかく謎が多い。どうして足が欠損しているのか。なぜ様々な姿で現れるのか。そしてカシマの名の由来は？

ともあれ、その発生は**不幸の手紙**の少し後、**口裂け女**より少し前。都市伝説のキャラクターとしては日本における元祖だろう。資料に登場した最初は「平凡パンチ」（一九七二年八月七・十四合併号）、続いて「朝日新聞」新潟版（同年十月十一日付）。タレントの柴田理恵の体験談や、カシマ研究の第一人者である青山葵の調査でも、同時期の事例が報告されている。怪談パートではそれらを紹介させてもらった。

その後、カシマ怪談は数えきれないほど多種多様な変化を見せていく。メディアに大きく取り上げられた口裂け女と違い、若者たちの口コミでひっそり広まったからだろう。誰もカシマさんが全国区の怪談とは気づいておらず、地域ごとに自由な改変がされやすかったのだ。

ようやくカシマ怪談の流行が目立ったのは一九八〇年代後半から一九九〇年代前半あたり。私の調査では、その年代に小中学生だった世代ならカシマ怪談を知る人が多いが、世代が前か後ろにずれてしまうと、とたんに知名度が低くなる。私自身も当時は小中学生だったため、カシマの噂に震えあがった記憶がある。ただしこの第二次ブー

ムについても同時期の「**人面犬**」ほどの勢いはなく、社会現象とまでは至らなかった。大流行しないからこそ、長年しぶとく生きのびているともいえるのだが。

先述どおり、同世代でもどのようなカシマ怪談を聞いたかは千差万別だ。呼び名が微妙に異なっていたり、欠損部分も片足か両足もしくは四肢すべてだったりもする。その原因も鉄道事故によるもの、戦争の被害、ひき逃げや殺人など様々だ。

両足がないパターンの時は**テケテケ**と同一視されることもある。下半身がなく、両肘や両手で移動する怪物だ。また口裂け女の本名が「カシマレイコ」だといったように、異なる都市伝説がドッキングする場合もあった。

近年の事例で興味深いのはクダマツヒロシの実話怪談「呼び水」（二〇二三）だ。二〇〇〇年代前半、クダマツ氏のいた神戸市長田区で「深夜、旧日本軍の兵士の幽霊が出る」との噂が流れる。知人が家でその噂を語っていたところ、窓が思いきり叩かれた。外の庭を見ると、赤い服の女が立っているではないか。こちらに気づいた赤い女は、「わたしのことでしょ！　わたしのことでしょ！」と叫び続けたのだという。

……兵士の霊の噂を語っていたものに、それは自分のことだと訴える赤い服の女。これは七〇年代から九〇年代にあった兵士型の男カシマと、二〇〇〇年代以降に主流となった赤い服の女カシマとの合流である。またこれが「怪談を語ることについての怪談」であることにも注意したい。それはつまりカシマという存在のありようそのものだからだ。

やはりカシマ怪談はまだ生きていて、豊かに変化し続けている。

口裂け女

POINT
・マスクを取って裂けた口を見せ、子どもを脅かすとされた女怪人。
・最も有名な都市伝説で、一九七九年に日本中で大流行した。
・ただし七〇年代半ばには既に、似た噂が日本各地で語られていた。

夕暮れの町を歩いていると、電柱の陰から女が現れた。背が高くトレンチコートを着ているが、さらに不気味なのは目から下の顔半分を覆う大きなマスクだ。「わたし、きれい？」女はこちらを見下ろしながら、そう質問してきた。ここで「不細工」と答えれば、鎌かハサミかで斬りつけられる。しかし「きれい」と答えると、女は「これでも？」とマスクをはぎとり、耳まで大きく裂けた口を見せつけてくる。それを怖れて逃げても、女は物凄いスピードで追いかけてくるのだ……。

——口裂け女の噂は、一九七九年一月「名古屋タイムズ」「岐阜日日新聞」で記事化されたのを皮切りに、同年六月までメディアが熱狂的に報道。日本を揺るがす大流行となる。

当初は、岐阜市の道端で大きく裂けた口を見せて脅かしてくる女がいた、というだけの現実味ある噂だった。だがそのうち、鎌やハサミで攻撃するタイプが出てきたり、二メートルを超す背丈や超人的スピードで追いかけるなどの怪物要素、ポマードと三回唱える、べっこう飴をあげるなどの撃退方法が付け足されていく。

もっとも一九七九年一月から六月に日本中で大流行するよりも前から、口裂け女の噂は全国で囁かれていた。例えば一九七七年十一月中旬、中部地方のＣＢＣラジオ『星空ワイド　今夜もシャララ』では次のような投稿が読まれた。

投稿者は若い男性で、友人四名で深夜のドライブをしていたという。名古屋市の平和公園を南北に突っ切っている途中、道ばたに立つ若い女性の姿を見かけたそうだ。

「夜中にどうしたの？　栄《さかえ》まで戻るから一緒に乗る？」。ナンパ目当てもあり、後部座席の真ん中に挟むかたちで女を乗せた。ただ女はずっとうつむいて長髪を前に垂らしており顔がよく見えない。またいくら話しかけても無言なので、車内は妙な空気になっていく。助手席の友人はめげずに「どこ行くの？」と振り向いた。投稿者もバックミラーで後ろを覗く。ちょうど女が顔を上げ、対向車のライトがそれを照らしたところだった。

「ぎゃあああ！」と、二人は悲鳴を上げ、急停止した車から逃げ出した。しかしその途中、後部座席の二名がついてこないことに気づく。「どうしよう」「助けに戻らないと」

恐る恐る車を確認すると、もはや女の姿はなく、後部座席に残されていたのは友人たちだけ。一人は気絶し、一人はうつろな目でけらけら笑っている。彼らは間近で、女の「顔」を見てしまったからだ。それはどんな顔だったかというと……。

「――この話、他の人から聞いたことありますよ」と、ここでハガキ読みが中断され、木曜パーソナリティの藤本憲幸《ふじもとけんこう》からコメントが入る。最近これとよく似た女が名古屋市内をうろついているらしく、その顔は口が耳まで裂けているのだ、と。ただし本当の裂傷ではなく口紅によるメーキャップ。通行人やドライバーを脅かすイタズラ目的のようだ。アシスタントの水谷《みずたに》ミミの友人もこれに驚いて運転を誤り、事故を起こして入院したのだという。「本当に迷惑なので、今すぐそんなイタズラを止めてください」と話題を締めくくった。

一九七八年七月、埼玉のローカル紙「文化新聞」でも似た話が記事化されている。

飯能市の青年三人がドライブ中、宮沢湖近くの路上で若い美女をナンパし、車に乗せる。ところが薄暗い山道に入ったところで「女は、いきなりニャッと笑ったかと思うと、見るうちに、その真っ赤な口が耳のあたりまで裂けて、生臭い息を青年たちにフーッと吹きかけた」のだ。若者二人はすぐに車を飛び出したが、逃げ遅れた運転手だけは「〝美女〟の顔をたっぷり見たためそのショックは大きく」病院送りとなったとのこと。

しかし同紙は続報にて、この女は幽霊ではなく生きた人間によるイタズラ（やはり口紅によるメイク）であり、その犯人が逮捕されたとの噂を紹介。ただ警察に問い合わせると、そんな犯人がいたとの噂もまたデマだったと判明した。つまり口裂け女が出たとの話はデマだったが、その根拠となる話もまたデマだった……という複雑な噂だったのである。

解説　その女は怪物ではなくただの人、ただのイタズラだった

口裂け女の噂が一九七九年一月から六月にかけて日本中で大流行したことは事実であり、この噂についての重要トピックであることも間違いない。ただそれ以前——おそらく一九七〇年代半ばから、既に口裂け女にまつわる噂は全国に広まっており、様々なバージョンで語られていた。根拠については先述の怪談の他、私自身が約百五十名のアンケート調査を行い確かめている。その詳細は各所で説明しているので、ここでは一九七九年の大流行によって生じた口裂け女の「変化」について触れよう。

大流行以前、つまり一九七八年以前の口裂け女は超自然の怪物ではなかった。なんらかの事情で口が裂けてしまい、そのことで人々に悪意を持っている厄介な存在ではあるが、ただの人間の女だ。そんな女が自分たちの町にやってきたらしい……というリアリティこそが、口裂け女の新しさだったのである。幽霊が出てくるのではなく、おかしな人間が脅かしてくる話。それは「ありえなさ」に怖がる怪談というよりも、「ありえる」からこそ本当だと信じてしまう反・怪談的な怖さだ。そうした恐怖感が当時の人々にとってひどく新鮮だったと、私もアンケートでさんざん聞かされている。

こうしたリアリティが進行すれば、口の裂けた女自体がいなかったとのオチになるのは当然の帰結だろう。実はその女（男が女装している場合もある）は、イタズラの

ために口紅で裂けた口をメイクしただけだったという……そちらの方がよほど「ありえる」話だからだ。当時の人々がビビッドに反応したのは、幽霊や化け物の怖さではなく生きた人間の悪意、今でいうところの**ヒトコワ**的な怖さだ。この点については戦前に流行した**赤マント**の噂（赤いマントを着た男が少女を誘拐し暴行し殺すという）に通じるところがあるかもしれない。

しかし一九七九年、それまで若者や子ども、もしくは深夜ラジオや地方紙だけで語られていた口裂け女の噂が、マスコミに気付かれてしまう。全国紙や大手雑誌が面白おかしく大々的に報道し、口裂け女の知名度は大人も含めた全日本人が知るところとなった。そうなれば当初のリアリティは消滅する。自分たちの町だけでささやかれている（と勘違いした）からこそ本当に「ありえる」話だと信じられたのに、同じ噂が全国に広まっていると知ってしまえば、もう子どもだって「ありえない」嘘だと気付いてしまうではないか。そうなったらリアリティは必要ない。ただの奇人だったりそれを装ったイタズラだったりした口裂け女は、ここから怪物化の一途を辿っていくのである。私は個人的に、一九七二年からひっそり日本に広まった**カシマ**怪談がだんだん口裂け女怪談に変化したのではないかと推測している。ただ両者には、超人間的な化け物かリアルな人間かという根本的な違いがあった。しかし一九七九年の大流行のせいで、口裂け女もまたカシマのような存在に変化していく。ひどく高い身長、赤いコートといった**赤い女**の要素が口裂け女に付与されたのも、ちょうどこの頃だった。

八尺様、アクロバティックサラサラ

POINT
・いずれも若い男を狙う長身の怪女で、ネットで語られたのも同時期。
・ただ「白」「赤」の違いとともに、性質や男を攻撃する動機も真逆。
・両者は「子殺しの母」が持つ二種類の怖ろしさを象徴している。

二〇〇八年八月から九月にかけて、2ちゃんねるに二人の巨女が登場した。一方は白い女である八尺様、もう一方は赤い女であるアクロバティックサラサラだ。

まずは八尺様の物語から。投稿者が高校三年にあがる直前のことだという。祖父母の農家に遊びにいった彼は、奇妙な女に出くわした。「ぽぽ、ぽぽっぽ、ぽ、ぽっ…」という声が聞こえた方を向くと、庭の生垣から帽子が飛び出している。二メートルの垣根を越す長身の女で、帽子の下には白っぽいワンピースを着ているのが見えた。祖父にその話をしたところ、「今日は帰すわけにはいかなくなった」と慌てだす。

女は人間ではなく、集落内に古くから封じられた「八尺様」と呼ばれる存在だった。成人前の若い人間、特に子どもを好み、魅入られれば数日のうちにとり殺されてしまうのだ。

ターゲットにされた投稿者を、なんとか八尺様の手から逃がさなければならない。

投稿者は、窓がすべて塞がれた二階の部屋に、朝まで閉じこもるよう告げられた。夜になると、「ぽぽっぽ、ぽ、ぽぽ…」の声とともに、窓ガラスがノックされる。昼間に見た時よりも女の身長が伸びているのだろうか。

　恐怖の一夜が明け、投稿者は車によって集落を脱出することとなる。するとまた例の声が響いてきた。見てはいけないとの禁忌を破り、ちらりと車窓の外に目を向けてしまう。白っぽいワンピースが、大股で車と並走しているのが見えた。それが頭を下げる仕草をしたので、必死に目をつむる。コツ、コツ、コツと窓が叩かれる。それでも握りしめていたお守りの効果か、なんとか村を抜けた投稿者は、八尺様からの逃走に成功したのだった。

　以来、投稿者はその村に足を踏み入れないようにしていた。しかし十年後、祖母から「八尺様を封じている地蔵様が、誰かに壊されてしまった。それも、お前の家に通じる道のものがな」との連絡が入る。すべてが迷信かもしれない、だがもし、あの「ぽぽぽ」という声が聞こえてきたらと思うと……という一文で、投稿は締めくくられている。

　わずか一か月後、また別のスレッドにて、奇妙な女の報告があいついだ。

　それはまずスレッドを立てたスレ主「1」の体験談から始まる。福島県郡山市在住とおぼしき「1」は、百八十センチを超える女、姿がどう見ても人間ではない女を目撃したのだという。その女の特徴は、同じスレッドにいた複数の目撃証言と一致していたのである。

　異常なまでに高身長で、目深にかぶった赤い帽子から長い黒髪がたれており、まとっているのも真っ赤な洋服。その瞳は白目がないほどまっ黒で、牙のはえた口は大きく、左腕には無数の切り傷跡。ふいに壁の向こうや屋根の上などに現れる。関わり合いになると危険らしく、凄い力で襲いかかられたり、どこかにさらわれたりもする。

　どうやら福島に出没する女怪人のようで、投稿者の一人がアクロバティックな動きでサラサラの長髪をなびかせているため、地元ではアクロバティックサラサラと呼ばれていると証言。そのためスレッド内では略称としての「アクサラ」が定着した。

　それから八日後、「1」がアクサラに襲われ入院してしまったと投稿。新潟から郡山へとバイクで帰る途中、後方シートからアクサラとおぼしきものに抱きつかれて単独事故を起こしたのだという。ここで「1」の投稿は途絶えるが、別の投稿者からアクサラは妊娠中に男に捨てられた女だったとのエピソードが紹介される。彼女は出産した子どもとともに、福島の某ビルから飛び降り自殺をした。遺体は無残に損壊、腕には無数の傷があり、着ていた服は血に染まり、目玉が無くなっていたという。抱いていた赤子も即死。ただ不思議なことに地面には八メートルほど、女が這ったような血液の痕があったのだとか。

　壊れた体で這った分だけ身長が高くなったアクサラは、福島で若い男たちを襲っているのだろう。そんな考察が書き込まれた後、「1」が病院で急死したらしいとの不確定情報が流れ、このスレッドは終了するのだった。

解説

子宮にとりこもうとする白い女と、子宮を失った赤い女

八尺様の物語は二〇〇八年八月二十六日、2ちゃんねる「死ぬ程洒落にならない怖い話を集めてみない？196」スレッドに書き込まれた。二次創作でイラスト化されることが多いキャラクターなのだが、その姿はおおよそ定型化している。つば広の白い帽子と白いワンピース、長い黒髪で三メートルを超える美女。また知能はあまり高くなく、小学生ほどの男児を無邪気に偏愛する存在として描かれることが多い。

これは元の投稿とずいぶん異なる。原文ではワンピース以外に描写されていない（帽子の細部描写は皆無）し、非現実的な身長ではないと述べられている。また投稿者は十六から十七歳の高校生男子なので、男児と呼ぶには成長し過ぎている。

つまり二次創作イラストの要素は、ほぼ全て後付けされたものだ。八尺様とのコンタクトについては、①遠くの生垣の切れ目から目撃、②新聞紙を貼られた二階の窓を外から叩かれた、③車窓の外を歩く姿を薄目で見る、というように断片的でしかない。これが創作怪談であるとの前提で語るなら、作者＝投稿者は八尺様の視覚情報を意図的に制限している。Ｊホラー的な映像演出を巧みに駆使した高レベルな文章表現こそがこの怪談の特徴で、それは二つの効果をもたらした。まず発表されるやすぐに高評価を得て、ネット怪談の名作として広まったこと。またイメージ描写が制限されてい

るため二次創作の余地が広く、その後も多くの人々に描かれるようになったことだ。

二次創作の八尺様は白い服をまとった無垢で巨大な女、幼女性と母性を併せもつ怪女、肉欲のない清らかな乙女／聖母として描かれた。それが大きな支持を得たからこそ、彼女は現代怪談でも屈指の人気キャラとなったのだ。

八尺様が「白い女」なら、アクロバティックサラサラは典型的な「赤い女」だ。二〇〇八年九月二十二日、2ちゃんねるオカルト板「ヤヴァイ奴に遭遇したかもしれん」スレッドにて報告されたアクサラは、最初から八尺様のフォロワーではないかと指摘されていた。こちらも実話ではなく集団創作と捉えるなら、確かに投稿者たちには、流行の八尺様をまねて新しい都市伝説キャラクターを作ろうとの意図があったはずだろう。だが彼らの意図を超えて、両者は赤・白という服装だけでなく、性格や行動も対照的な存在となった。

若い男を生贄として求める八尺様は、むしろ彼らを愛の対象として見ている。それは母が赤子を子宮の中に取り込もうとするような無邪気で怪物的な母性愛で、そこにこそ彼女の怖ろしさがある。しかしアクサラは男を憎んでいる。赤子を産み、赤子とともに死んだことへの復讐に燃える女だ。彼女の高身長は、腹部＝子宮が裂けてしまったことによるものだろう。子宮の内へ赤子をとりこもうとする八尺様と違い、もはや赤子も子宮も失ったアクサラの攻撃性は外に向いている。両者とも根本的には怖ろしい「子殺しの母」だが、そのイメージの表れは両極端なのだ。

窓から覗く顔

POINT
・不自然な高さの窓越しに顔が覗く、または覗くものを外で目撃する。
・九〇年代からつい最近まで、様々なパターンで語られてきた怪談。
・男の顔が覗く投稿映像が有名だが、近年は大女が覗くことが多い。

「寝ようとしたら、窓の向こうから首だけ出して覗いてくる女がいるよな」

そんな体験談が5ちゃんねる「なんでも実況（ジュピター）板」（通称「なんJ」）で語られた。二〇一九年の九月から三か月にわたって専用スレッドがたてられ、多くの人が目撃していると証言。この怪異は「窓から首ヒョコヒョコ女」と名づけられる。

女の覗く窓がどの階数なのかはケースバイケース。部屋が一階だったとすれば、変質者かストーカーという生きた人間の恐怖となるはずだ。「夜中に河川敷をジョギングしてると部屋を探してる女たまに見る」との投稿もあったが、これも同じケースだろう。

これが二階以上となれば、人外のものに出くわした怪談になる。「やたらでかいよな」「ずっと見てなきゃ入ってくる」と語られる場合は、巨大もしくは浮いている女が窓を覗いてくるイメージなのだろう。また目撃エリアが東京都の西八王子駅～高尾駅間という狭い地域に限定されているのも面白い。久しぶりの新しい都市伝説になるかと思われたが、コロナ禍に話題をさらわれた影響もあってか、翌年にはほとんど語られなくなってしまった。

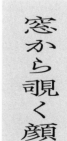

ともあれ、窓から覗くものの怪談はここ三十年ほど頻繁に発生している。私が収集した実話怪談でも、謎の女に二階以上の部屋の窓を覗かれたという体験は数えきれない。どのような女かは各体験によって異なり、サイズそのものが通常の何倍にもスケールアップしているともあれば、縦にだけ細長く伸びている、上半身だけが異様な長さになっていることもある。首から上だけしか見えなかったので、体がどうなっているか不明というケースもある。ただ女が赤い服を着ているという点だけが頻繁に共通しているのは興味深い。

このタイプの怪談が広く語られだしたのは一九九〇年代だと思われる。

①雨の夜、男の子が机に座って宿題をしていたところ、さあっと雨風が吹き込んだ。見れば、開いた窓から見知らぬ女が覗き込んでいる。「駅はどっち？」と訊ねる女に、男の子は「あっちですよ」と駅の方角を指さす。女は「ありがとう」と言って、窓を閉めずに去っていった。そこで彼はあることに気付いたのだった。「えっ、ここは二階だぞ……」

②女性四人でマージャンをしていた時のこと。夜中なので気を使っていたのだが、盛り上がるにつれ、だんだんキャーキャーと騒がしくしてしまった。すると突然、窓が開いて「うるさいわね、静かにしてよ」と女の人が怒鳴りつけてきた。とっさに謝った四人だが、しばらくして家人の女性が「あっ」と声をあげた。「二階の窓が開いたよねぇ……」

③夏、冷房がないので窓を開けて寝ていた。すると二階にもかかわらず、窓の外を通る

髪の長い女が見えた。しかも女は窓から上半身だけを部屋の中にさしいれてくる。女は外に出たかと思うと、またこちらに戻って部屋に入る。そんなことが毎晩続いたのだという。

④二階にある学校の教室。ふと妙な気配がして窓のほうに目を向けると、外を赤い着物の女性が横切っているではないか。えっ、と驚いた自分に気付いたのだろうか。女性は微笑みを浮かべてこちらにペコリと頭を下げ、そのまま通り過ぎていったのだ。

こうした怪談が一九九〇年代に登場してきたのは、とある動画が原因ではないかと思われる。

八ミリビデオカメラで撮影された映像だ。映っているのは、オレンジ色のTシャツを着た少年がリビングルームらしき部屋に立っている様子。その少年がカメラ目線で笑いながらジャンプすると、突然パッと消えてしまう。ただ、これは怪現象でもなんでもない。いったん録画停止した後、被写体の人物をフレームアウトさせ、カメラを全く同じポイントの同じ角度に設置したまま撮影を再開する。その二カットが繋がることで、あたかも人物が消えてしまったように見えるという単純なトリック映像である。

ただ問題は、無人のリビングを映す二カット目。画面向かって右側にカーテンの開いた窓があり、夜のため外側は真っ暗だ。その窓の右上隅から、青白い人の顔がにゅうっと覗いてくるのである。おそらく男であろう、口を半開きにした無表情の顔。その進入角度や窓枠の高さからして、生きた人間が外から覗いたようには見えない……。

八ミリビデオカメラを買った少年たちが、友人と色々な試し撮りをして遊んでいるうちに撮れてしまった映像なのだという。画面下に表示された日時は一九九〇年九月十五日。

そして一九九一年三月二十八日の特別番組『木曜スペシャル緊急リポート!! これが世界の怪奇現象だ』（日本テレビ）にて、この動画が大々的にテレビ放送されたのだった。

これはおそらく、世間に広まったいちばん最初の「心霊投稿映像」だ。それまでにもテレビ番組や映画の一場面に幽霊が映ったのではないかと噂される「心霊映像」はあった。

例えば一九八六年六月十八日放送の『夜のヒットスタジオ』（フジテレビ）では、自殺した岡田有希子の霊が映ったとの情報が飛び交い、大きな騒ぎとなっている。しかし一般人が撮影したホームビデオに怪異が発生し、その動画がメディアで紹介されるという心霊投稿映像については、この一本が元祖だったといってよいだろう。

現在、これは「顔にゅ～動画」と呼ばれ、伝説の古典作品のように扱われている。二〇〇〇年代から始まった心霊ドキュメンタリーによって心霊投稿映像を見慣れた現代人と違い、一九九一年当時の人々にとってはかなり衝撃的なものだったはずだ。そのインパクトが窓から顔が覗いてくるタイプの怪談へと影響し、世間に広まる一因だったのではないか。この潮流は多くの実話怪談や窓から首ヒョコヒョコ女のように、今も続いている。

解説　外にいて、内にも入らず、ただ窓から顔を覗かせるだけ

前項で紹介した怪談の参照元は、①日本民話の会『こども怪談新聞学校編』（二〇〇〇）、②③池田香代子『走るお婆さん』（一九九六）、④マイバースデイ編集部『わたしの学校の幽霊 全国版!!』（一九九三）である。

『走るお婆さん』では、窓から顔が覗くタイプの怪談を、**陽気にアプローチしてくる「普通っぽい人」**と、**じっと覗き込む「あの世っぽい人」**とに分類している。陽気なアプローチとは①のように窓を開けて道を尋ねてきたり、②のように騒音を注意されたり、または勉強をしていたら窓を開けて「がんばれっ」と励ましてくるなど、恐怖よりむしろ奇妙さを楽しむような話である。年代がある程度特定できる話をざっと通覧してみると、どうも古い時期に前者のタイプが多かったようだ。確かに②の話については アンケート調査で収集されたのが一九九〇年、語られた時期が一九八四年とずいぶん早く、これについては「顔にゅ～動画」の影響はありえない。

ただ逆に言えば、この種の怪談が恐怖方向へシフトしていったのは「顔にゅ～動画」の影響が大きかったからだろう。一九九一年の『木曜スペシャル』の後も、一九九六年五月十四日放送『火曜デラックス'96　怪奇！恐怖体験・学園のミステリー』（日本テレビ）、二〇〇一年六月二日放送『ＵＳＯ!?ジャパン　ウチにもあった!?恐怖・心霊ビ

デオの謎』（TBS）でも同映像が流されており、二〇〇〇年代からはインターネット上でもたびたび話題にされていた（以上の情報については、Funuke「幻の心霊動画を語る会」二〇二〇年十月二十三日配信回アーカイブを参考）。

二〇〇〇年代以降、窓から顔を覗かせるものが陽気にアプローチする話はほぼ聞かれなくなった。またそれが男であるケースも減少していき、**八尺様**のような人外の女が窓の外にいる怪談がほとんどだ。「顔にゅ〜動画」は男の顔だが、やはり女が巨大であるというアンバランスさのほうが、より恐怖感を醸し出すからだろう。さらにそれが現代怪談の定番である**赤い女**へと変化。また体験者の視点も、室内ではなく屋外から建物上階の窓を覗く大女を目撃するといった変則パターンが見られるようになっていく。私が取材した実話怪談でも、赤い服の大女が窓を覗き込んでいるといった体験は数多く、体験者の視点が室内か屋外かについての割合もあまり偏っていない。

こうしてみると、二〇一九年に語られだした**窓から首ヒョコヒョコ女**は、それまでの怪談の歴史を踏まえ、さらに要素をバランスよく配合したものだったことがよくわかる。覗かれる窓がどの階数なのか、生きた人間なのか人外なのか、視点が室内なのか屋外なのかについては多種多様。しかし廃れてしまった陽気なアプローチは排除し、あくまでじっと覗き込む恐怖感に主眼を置いている。さらに八王子の狭い地域限定というローカル色で新味を出すといった念の入りようだ。大きな話題とならず消え去ってしまった窓から首ヒョコヒョコ女だが、いつか復活する可能性もあるかもしれない。

三章

江戸

四谷怪談
牡丹灯籠
皿屋敷
累

四谷怪談

POINT
・夫に騙され死んだお岩の怨念が次々と敵を殺す、日本一有名な怪談。
・歌舞伎の「四谷怪談」は創作だが、もととなった実録本がある。
・歌舞伎は物語性が強く、実録本ではリアルなお岩が描かれる。

かつて、お岩という哀しくも怖ろしい女がいた。その夫である民屋伊右衛門《たみやいえもん》は希代の大悪人。実はお岩の父を殺害した犯人なのだが、それを隠して結婚し、男子をもうける。

しかし伊右衛門は隣家である伊藤喜兵衛《いとうきへえ》の孫娘・お梅と結婚すべく、またもお岩を騙す。喜兵衛と共謀し、産後の薬と偽ってお岩に飲ませたのは、顔が爛《ただ》れる毒薬だったのだ。

伊右衛門たちの裏切りを知ったお岩は、伊藤家に乗り込むべく鏡の前でお歯黒を塗り、髪をすく。しかしその体はもはや毒に蝕《むしば》まれきっていた。赤子の泣き声が響くなか、櫛を入れるたびに髪がするりと抜け落ちていく。それにつれて腫れあがった顔も露わになる。

「……これが、わたしの、顔かいなぁ」

悶え苦しんだお岩は、倒れた拍子に置かれていた小刀が首に突き刺さり、絶命したのである。彼女の死骸は、これも伊右衛門に殺された小仏小平《こぼとけこへい》という男とともに、一枚の戸板の裏表に縛られて濠に流されたのだった。

一方、祝言《しゅうげん》の盃をかわした伊右衛門とお梅だが、そこでお梅の顔がお岩へ、喜兵衛の顔が小仏小平へと変貌。狂乱した伊右衛門が二人を斬り殺すと、転がった生首はもとのお梅、喜兵衛に戻っていた。その後、濠にいた伊右衛門のもとへ、お岩と小仏小平を縛り付けた戸板が流れ着く。裏へ表へ戸板が返り、お岩と小仏小平の死骸が、それぞれ伊右衛門に恨み言を言いつのる。お岩の怨霊に追い詰められた伊右衛門は、僧侶の庵室にかくまわれる。だが祈禱のかいなく、お岩は赤子を伴って伊右衛門の前に立ちはだかる。伊右衛門の母や仲間を殺しつくしたお岩は、最後は鼠となって、逃げる伊右衛門にまとわりついた。

そして追ってきた敵討ちの手により、伊右衛門は斬り殺されてしまうのだった。

——以上が「四谷怪談」と聞いて多くの人が思い出す、鶴屋南北の歌舞伎『東海道四谷怪談』のストーリーだ。しかしモデルとなった元の逸話はだいぶ筋が異なっている。

元ネタ『四ツ谷雑談集《ぞうたんしゅう》』のお岩は若い頃の疱瘡《ほうそう》で片目を失っている。後妻をとりたい田《た》宮《みや》伊右衛門たちの罠にはめられ、家を追い出されるところまでは似ているが、毒薬も殺人もなく離縁はスムーズに成立。しかしその後、三番町の武家屋敷に奉公していたお岩は、知人づてに伊右衛門の卑怯な嘘を知る。怒り狂ったお岩は鬼のごとき形相で屋敷を飛び出し、四谷方面へと疾走。そして四谷見附《よつやみつけ》から外濠の向こうへと渡り、西へと駆け抜けていったのだが……。

ここで、お岩の消息はぷっつりと途絶えてしまう。

なぜか彼女は四谷左門町の田宮家に駆け込んでいないのだ。そんなお岩が再び姿を現すのは十五年も後のこと。ただこれも死霊なのか生きているのかが定かではない。

　ここから伊右衛門やその妻子、関係者らが数年をかけて次々と病気にかかり死んでいく。また伊右衛門の死後も、田宮家の養子や脇役たちが呪われていく様子が、長い年月をかけて延々と描写される。

　こうして伊右衛門と仲間たちについては、個人どころかその家まで根絶やしにされたことが報告されるが、ここにおいてもなお、お岩の生死は明らかになっていない。

　それどころか終盤になって、お岩らしき老女が飯田町の坂（現在の九段下駅あたり）で目撃されるのだ。目の潰れたところもお岩にそっくりの、生きていればこの年恰好《かっこう》になっているだろう痩せた女の物乞いが、坂の途中でなにごとかを喋っていたのだという。

　はたしてお岩は憤死して果て、数十年にわたり怨霊として伊右衛門たちに祟っていたのか。いやそれは伊右衛門たちの勘違いであり、お岩は江戸の片隅で誰よりも歳老いて生きのびていたのだろうか。

　もし後者だったとすれば、ずいぶん拍子抜けな話だと思うだろうか。

　いやむしろ、そちらのほうがより不気味な怪談だと思う人もいるのではないだろうか。

解説　創作か実話かはどうでもよい、とにかくお岩は祟るのだ

『**東海道四谷怪談**』は日本を代表する怪談歌舞伎なので、その筋立てについても隙がない。こちらのお岩は明確に死ぬ。産褥と毒と怒りで立ったまま悶死した後、さらに刀が咽喉《のど》に突き刺さるという「念入りで過剰な死の儀式が見せつけられている」（高田衛『お岩と伊右衛門』、二〇〇二）。そして死後すぐ怨霊となって祟り、最大の敵役である伊右衛門の死が劇の大詰めとなる。かたや『**四ツ谷雑談集**』の展開はダイナミックさに欠ける。お岩のくだりは上中下巻のうち上巻のみで終わりと、全体の三分の一だけだ。

あとは伊右衛門たちが病死や事故死、殺人により亡くなっていく様が長期間をかけてダラダラと描かれていく。お岩の幽霊も明確には登場せず、病人の混乱した幻覚、生きたお岩が姿を見せただけともとれる書き方をしている。霊媒によるお岩の口寄せシーンもあるが、憑依したのがお岩の死霊なのか生き霊なのか定かではない。『四ツ谷雑談集』では、わざとお岩の生死を曖昧にしているようにすらとれる。

しかしだからこそ逆に、実話らしいリアリティを感じさせるではないか。実録といいつつ、その内容はほぼフェイクだろう。とはいえお岩のモデルとなった女性が虐待を受け失踪し、加害者側の一族で不審死が連続した事実はあったのではないか。当時の大衆がそれを怪談ゴシップに変換したのでは……とも想像してしまう。

『四ツ谷雑談集』の他にも、四谷怪談の元ネタとしては『於岩稲荷由来書上』（一八二七）が挙げられる。ただしいずれの資料でも、お岩は三番町の武家屋敷に奉公しており、ここが『東海道四谷怪談』にはない要素だ。どちらも怒り狂ったお岩が西＝四谷方面へ駆け抜けていくのだが、そのルートはどう推測できるだろうか。当時の三番町は、現在の九段南三、四丁目。まっすぐ西進したなら市ヶ谷御門（現・市ヶ谷駅）の前を通り過ぎたはずだが、そのまま堀の土手沿いを走ったかどうか。現在もなお細く曲がった走りにくい道なので、六番町（現・二七通り）へと坂を上ったのではないか。

市ヶ谷御門前の坂は「切通坂」だが、これは別名「帯坂」ともいう。**「番町皿屋敷」**のお菊が髪ふりみだし帯をひきずって逃げた坂だから、というのがその由来だ。

千代田区設置の案内板には、お菊が坂を上ったか下りたかについては言及されていない。しかし五番町の屋敷から遁走したなら、半蔵門駅から市ヶ谷駅への方向となるので、おそらく市ヶ谷御門から堀外へ出ようとしたと察せられる。

つまりお菊は帯坂を「下りた」。逆にお岩は帯坂を「上った」。

お菊とお岩。たびたび比較される二人の怪談スターは、番町の同じ坂を、それぞれの方向にすれ違っていたのである。虐待から逃げようとした末に殺され、恨み言をつのる怨霊となったお菊。自らを騙した敵へと突撃し、生死不明のまま怨念を拡散したお岩。

いずれも武家の男たちへの逆転劇・復讐劇を果たす女性ではあるが、彼女たちのタイプの相違が、そのまま疾走する方向の違いとなって表れているようだ。

牡丹灯籠

POINT
・新三郎の家に恋人お露の死霊が通いつめ、最後にとり殺す。
・中国の小説「牡丹灯記」を三遊亭圓朝が落語化した話が最も有名。
・仏教的因果と近代的恋愛が融合した江戸・明治を繋ぐような怪談。

伴蔵《ともぞう》は、どうしても戸を開けられずにいた。

隣の母屋に住む萩原新三郎《はぎわらしんざぶろう》の家の戸である。いくら声をかけても中から返事はない。「まだぐっすり寝ているんじゃないか」と呟きつつ、もっと怖ろしい事態になっているだろうことは承知していた。なにしろ昨夜、この家の裏窓に貼ってある札をはがしたのは他ならぬ自分なのだから。そして死霊《しりょう》を新三郎の家に入れる手助けをしてしまったのだから。

若い浪人である新三郎は、お露《つゆ》という娘と恋仲にあった。お露は旗本の箱入り娘で、お米《よね》という女中と父親の買った寮で二人暮らしをしていた。そこを訪ねた新三郎と一目で恋に落ちてしまったのだ。といっても実際には二人はたった一度しか会っておらず、ほんの少し手を触れあっただけの関係に過ぎない。そう、「実際には」ただそれだけだった。

再会する前に、お露はこの世の人ではなくなっていた。新三郎を想うあまり身も心も焦がれに焦がれ死んでしまったのだ。忠義をつくすお米もまた、その後を追うように亡くなった。訃報を知った新三郎は茫然自失となり、ひたすらお露の供養のため、家に閉じこもり念仏を唱える毎日を送っていたのだが。

　カラン、コロン……。月夜に下駄の音が響いた。それにつられて新三郎が自宅の生垣の向こうを覗くと、牡丹の花の灯籠《とうろう》をかかげたお露とお米がいたのである。

「あなたがたは亡くなったと聞きましたが」と、慌てて駆け寄る新三郎。

「新三郎様はお人が良いから、騙されたんですよ」と、お米が笑って返す。

　これほど嬉しいことはない。彼女たちを家に招き入れた新三郎は、そこでお露と男女の契りを結んだのだった。それから七晩の間、お露は牡丹灯籠をかかげ、カランコロンと下駄を鳴らしながら、お米とともに家に通いつめた。そして新三郎と仲睦まじく夜を過ごし、日が昇る前に帰っていく。誰にも明かさない秘密の逢瀬《おうせ》だった。

　しかしこの異変に気付いたのが伴蔵だ。毎夜、母屋から響く女の声を不審に思った彼は、こっそり戸の隙間から中を窺ってみたのである。そこにいたのは、腰から下のない青ざめた女だった。骨と皮だけになった上半身で新三郎の首に絡みつき、甘い恋語りを交わしている。その横では、これも骨と皮ばかりの足のない女が微笑んでいる。

　一夜明け、そのことを伝えられた新三郎は、まさかと思いつつお露たちの寮へ出向いた。そこで見つけたのが、あの牡丹灯籠が供えられた墓。二人の女が死んでいたことを確信した彼は、良石《りょうせき》和尚という僧侶に一部始終を相談する。

「それは幾世にもわたる因縁だ。お前とその女は、何度も生まれ変わりながら、悪しき恋の連鎖に囚われ続けている。もう一度でもあえば、お前の命はないぞ」

そう言って良石和尚は、死霊除けの海音《かいおん》如来像と札を新三郎に渡した。さっそく家の裏窓に札を貼り、如来像とともに念仏を唱える新三郎。そこにやってきたお露とお米は「なぜ入れてくれないのか」と恨み言を言い募りながら立ち去っていったのである。

そうして三日続けて死霊の侵入を拒み続けたのだが、この結界を破ったのも伴蔵だった。お米の霊に百両の金で買収された彼は、新三郎の隙をついて海音如来像を盗み出してしまう。そして四日目の夜、お米に脅されながら母家《おもや》の裏窓へ出向いた伴蔵は、梯子にのぼって裏窓の札をはがす。梯子から転がり落ちる彼の前で、「今夜はずっと、新三郎様に恨み言をいいましょうね」と笑いながら二人の死霊は窓の中へと入っていった。

翌日、伴蔵はどうしてもこの家の戸を開けられなかった。しかしいつまでもそうしてはいられない。ようやく薄暗い屋内に入り、恐る恐る障子を開けてみると。

新三郎は虚空に向かって手を伸ばし、歯を食いしばった苦悶の表情で冷たくなっていた。そのすぐ脇では一体の骸骨が、乾ききった白い手を新三郎の首へ絡みつけている。そんな彼らの周囲には、足とおぼしき細かい骨がばらばらと散らかっていたのだった。

解説　死してなお燃えあがる恋が、因縁因果の糸を焦がす

三遊亭圓朝《さんゆうていえんちょう》の落語『**怪談牡丹灯籠**《かいだんぼたんどうろう》』の、有名な「お札はがし」前後の経緯をまとめてみた。恋に落ちながら亡くなったお露が、幽霊となって訪ねてくる。その姿は新三郎の目には「髪を文金《ぶんきん》の高髷《たかまげ》に結い上げ、秋草色染の振袖に燃えるような緋縮緬《ひぢりめん》の長《なが》襦袢《じゅばん》」を着た、ひたすら美しい娘にしか見えない。彼女の真の姿「骨と皮ばかりの痩せた女で、髪は島田に結って鬢《びん》の毛が顔に下がり、真青な顔で、裾がなくって腰から上ばかり」を目撃するのは、こっそり家を覗いた伴蔵だけだ。

しかも圓朝はその場面をナレーションで直接描写するのではなく、翌朝、伴蔵がまた別の隣人に怯えながら説明することで観客に伝えている。ストレートな映像ではなく登場人物の語りや音響として伝える技巧は、実に落語的であり怪談的だ。

「カランコロン」という下駄の音も圓朝独自の演出で、後には水木しげるの鬼太郎シリーズ、稲川淳二の語り口にも流用されるなど、これぞ怪談の代名詞たる擬音として扱われている。さすが近代落語を築き、「**累怪談**」を『**真景累ヶ淵**』に仕立て上げるなど数多くの怪談噺を創りあげたレジェンド、圓朝ならではの語りの妙といえよう。

ただし新三郎とお露のパートは『怪談牡丹灯籠』の本筋ではなく、全体の三分の一ほどだ。『真景累ヶ淵』もそうだが、圓朝落語の多くは、大勢の登場人物が何世代に

もわたり因果《いんが》の糸を紡いでいく大長編で、現代の連続ドラマのスケール感に近い。元ネタである中国の小説集『**剪灯新話**《せんとうしんわ》』の「**牡丹灯記**」も、女の死霊に男がとり殺された後、その男女の霊を退治するあまり怖くないパートが長々と続く。怖い話は短くなくてはいけないので、現在はごく一部だけが怪談として抜き出されることが多い。

先述どおり、『怪談牡丹灯籠』全体は現代の我々からすればあまりにも長く複雑だ。またその根底に流れているのは仏教的な因果・縁起の思想。「個人」の人生を超えた、祖先や前世からの因縁をこそ重視する世界観である。平安時代から江戸時代の終わりまで、日本の怪談はこうした恐怖を描いてきた。例えば「累怪談」にて累を惨殺した予右衛門が出家しただけであっさり許されてしまうのは、現代人に大きな違和感を与える。いや予右衛門もまた因果の糸に絡まれた哀れな因人、運命によって殺人をさせられた被害者なのだから、それを「個人」の罪とは捉えない……という考え方だったのだ。しかし近代以降、西洋から「私」という「個人」の思想が輸入され、日本人になじんでいく。それとともに怪談もまた仏教的な因果因縁ではなく「私」という自我を脅かす恐怖へとシフトしていった。その出発点が**ラフカディオ・ハーン**の怪談だ。

ただし圓朝の『怪談牡丹灯籠』『真景累ヶ淵』が個人を描いていないわけではない。一部分だけの「牡丹灯籠」を題名としたのは、新三郎とお露という「個人」の哀れな恋愛に着目したからだろう。圓朝は江戸末期から明治にかけて、因果応報の恐怖と「個人」の恐怖を繋ぐブリッジの役割を果たしたのではないか。

皿屋敷

POINT
・皿を割ったために折檻され、井戸に身を投げたお菊の霊が現れる。
・お菊伝説の地は全国に四十八か所あり、内容は微妙に異なる。
・武士階級による女性虐待を告発したのが「皿屋敷怪談」ではないか。

どの城下町にも、放ったらかしにされた更地があり、そこには古井戸だけがぽつんと残されているものだ。そして井戸にまつわる怖ろしい噂が、口々に囁かれるものだ。

ただその噂は、町によって様々にかたちを変えていくのだが。

そこにはかつて立派な武家屋敷が立ち、身分の高い主人と、お菊という若い女中がいた。主人はお菊に目をかけていた。愛人にしようとしつこく言い寄ったのか、本気の恋慕を寄せていたのか。ともあれお菊は、主人の好意をきっぱりと拒否する。袖にされた主人は復讐心を抱き、主人の妻は激しい嫉妬の炎を燃やした。

そんななか、屋敷に伝わる家宝の皿が欠けてしまう。

殿様からいただいたという十枚一組の絵皿。そのうちの一枚を、お菊が不注意で割ってしまったのだ。いや主人が皿をこっそり隠し、お菊が盗んだ濡れ衣を着せたのだという人もいる。ともかくその報いはお菊に向けられ、連日にわたる拷問が始まってしまう。

小刀や針を突き刺したとも、縄で縛り上げ宙に吊るし、火で炙《あぶ》り水に沈めたとも。果ては大量の蛇がいる穴に突き落とし、もだえ苦しむ様を嘲笑《あざわら》ったとも伝えられる。

「十枚揃った皿の一枚が欠けたのだから、お前の十本ある指も一つ欠けねばならんな」

主人は刀を振るうと、泣き叫ぶお菊の右手中指を斬り落とした。武家屋敷の中は治外法権。下女の生き死になど、特権階級の判断でどうにでもなるのだ。

このままでは処刑される。その直前、お菊は縄で縛られたまま、なんとか監禁部屋から抜け出した。髪はざんばら、帯もほどけ、むごたらしい傷で足をひきずり歩いていった。

屋敷から逃げおおせるためではない。主人夫婦に殺される前に、自ら死を選ぶためだ。

裏手の竹やぶに底知れぬ古井戸があることは知っていた。念仏を唱え、袂《たもと》に無数の小石を入れると、お菊はその井戸の中へと飛び込んだのだ。

それからである。夜ごと裏手の井戸から、女の声が響くようになった。

「ひとつ、ふたつ、みつ、よっつ……」

弱く震える声は、そう順繰りに九まで数えると。

「……かなしやのう」

なにかが一つ足りないことを嘆くのだ。それが明け方までずっと続くのだ。

家来や奉公人たちは怖れをなし、一人残らず屋敷から逃げ出していった。それがお菊の声であることを誰もが承知していたからだ。いつのまにか失踪したと主人から聞かされていたお菊の、しかし本当はあの古井戸で死んだはずのお菊の声なのだ、と。

主人夫婦は新しい勤め人を雇おうとしたが、もはや屋敷に来るものなど誰もいなかった。

それどころか地元民たちも家の敷地に近づこうとすらしなかった。夫婦の悪事とお菊の祟りは、もはや周知のことと知れ渡っていたのだ。

なにしろ異変はまだまだ続いていた。主人夫婦は新たに子どもを授かったが、その子は生まれつき右手中指が一本欠けていたとか。さらには井戸から奇妙な虫がぞろぞろと湧き出したのだが、それは縄で縛られたお菊の姿そっくりなのだとか。

そしていつしか、夫婦の姿もなくなった。

もちろんその原因も複数の説が囁かれている。病死だとも、発狂したのだとも、敵《かたき》に殺されたのだとも、悪事が露見したため領地没収の上どこかに軟禁されているのだとも。

これが、哀れなお菊にまつわる怪談だ、どこでどう語られたかによって、この話の細かい部分はいくつか異なってくる。ただ、いつも同じところが一つだけ。

かつて屋敷があった更地――更屋敷の井戸を、皆がひどく怖ろしがっているという点だ。

解説

ひとつ足りない数え歌が、今宵も支配者たちを責めたてる

恨みがましいお菊の霊が井戸から抜け出し「一枚、二枚……」と皿を数える物語。最も有名なのは江戸が舞台の「番町皿屋敷《ばんちょうさらやしき》」だ。いや兵庫県姫路の「播州皿屋敷《ばんしゅうさらやしき》」こそ元祖だと言う人もいる。しかし播州のほうにしても物語が作品化されたのは江戸時代以降、姫路城の井戸が「お菊井戸」とされたのは大正時代ということには注意したい。

そもそもお菊と井戸と皿にまつわる「皿屋敷伝説」は、秋田、岩手から鹿児島まで日本全国各地に点在する。細かい伝承まで含めれば四十八か所にも及び、場所によって伝承の筋運びや細部が異なる。前述の怪談では各地の様々な噂を組み合わせてみた。

各地の伝承のなかにはお菊という名が「お夏」になっていたり、主人からの折檻《せっかん》ではなく嫁姑ものというバージョンもある。また西日本方面では「お菊虫」の要素が散見される。お菊が死んだ井戸から、彼女に似た虫が大量発生したというものだ。通説では、ジャコウアゲハの蛹《さなぎ》を指しているそうだ。確かにあの蛹の形状は、後ろ手に縛られ乳房をはだけて吊るされた女性という残虐絵のようなイメージを思い起こさせる。

各地の皿屋敷伝説は、歌舞伎や浄瑠璃などフィクションとして楽しまれただけにとどまらない。「ここで本当にあったこと」として語り継がれている面もあるのだ。

特に滋賀県、彦根に伝わる皿屋敷伝説では、不思議な現象は何一つ起きない。孕石《はらみいし》家の嫡男・政之進と、足軽の娘・お菊との哀しい恋愛スキャンダルだ。またお菊の墓や割れた皿の残り、お菊供養のため彦根藩関係者数百人が署名した寄進帳など、物証も数多く残されている。このため現地では皿屋敷の物語が「実話」として認識されているし、また確かに、ある程度は実際の出来事に基づいた話なのだろう。

いや、そもそも日本各地の皿屋敷伝説はすべて、ある程度は「実話」ではないのだろうか。それはお菊の幽霊が実在したとか、残虐な折檻やお菊虫の大量発生などが事実だったという意味ではない。皿屋敷の怪談が発生するための、もととなる事件があったのでは、と言いたいのだ。

各地の皿屋敷の多くは、武家屋敷という上流階級たちが住む閉鎖空間だ。そこに奉公する女性が犠牲になる出来事、拷問や殺人までいかずともなんらかの悲惨な目に遭う事件が各地で発生していたことは想像に難くない。しかし階級社会において、そのスキャンダルがもみ消されてしまうことも多かったはずだ。

それを大っぴらに糾弾できない庶民たちは、皿屋敷という話型に託して、犯人を暗に告発したのではないだろうか。彦根の事例ほど極端ではないにせよ、各地に残る皿屋敷伝説には、それぞれ幾分かの事実が含まれているのではないだろうか。

つまり全国で語られる「お菊」は、ある意味で、本当に実在していたのである。

累

POINT
・羽生村の娘・菊にとり憑いた義母・累の怨霊が祓われるまでの記録。
・祐天上人が解決した実際の憑霊事件の、綿密な取材報告である。
・霊の告発で隠蔽された悪事が暴かれる、真偽の枠を超えた怪談。

一六七二年、鬼怒川ほとりの羽生村《はにゅうむら》で凄まじい憑霊事件が起きた。累という女の亡霊が、義理の娘である菊にとり憑いたのだ。このニュースはたちまち羽生村や周辺地域に知れわたり、人々は口々にこう噂した。「ほら、累といえばあの……」と。

累は醜い女だった。顔だけでなく性格も歪んでいた。そして皆から嫌われていた。土地目当てで入り婿となった予右衛門《よえもん》もまた、醜い妻と自分に向ける村人たちの蔑んだ視線が苦痛だった。田畑を手に入れた以上、早く累の代わりの後妻を迎えたいと思っていた。

だから予右衛門は、累を殺した。荷物を運んでいる最中、鬼怒川に彼女を突き落とし、胸を踏みつけ口には水底の砂を押し込み、眼球を突いて喉を締め、惨殺したのだ。

累はただの突然死として埋葬された。寺の過去帳に残っているので確かな記録だ。だが実は累殺害の現場は複数の人間に目撃されており、羽生村中の人に知れわたっていた。

にもかかわらず誰も予右衛門の罪を告発しなかった。醜い累を皆が嫌っていたからだ。

その後、予右衛門は五人の妻を娶ったが、子に恵まれず次々と離婚。六人目の妻になり、ようやく菊という娘が生まれた。しかしその妻（菊の母）も十二年後に亡くなり、同年暮れに菊は結婚した。そして年が明け、数えで十四歳となったばかりの菊は謎の病にかかってしまう。目をむいて倒れ、「誰か助けて」と泣きつつ、父の予右衛門には「噛み殺すぞ」と喚《わめ》きたてる。心配した予右衛門が「菊、菊」と呼びかけると、彼女はこう名乗った。

「われは菊ではない、お前が殺した妻の累だ」

　累の霊が菊の口を借り、過去の殺人を断罪し続けたのだ。もちろん予右衛門は否定したが、累は事件の目撃者が羽生村に二人、隣村にも一人いると名指しで主張する。

　これはただの虚言ではないと、誰もが認めざるをえなかった。村人たちは話し合いの末、予右衛門を剃髪し、出家させた。さらに累の主張どおり村をあげての念仏供養を催したところ、いったん累の霊は鎮まり、菊の体から去っていったのである。

　もとに戻った菊は、憑霊中に体験したことを村人たちに語った。累に出会ったとして、彼女の醜い顔かたちを細かく描写し、また累とともにさまよった地獄極楽の光景を解説していったのだ。そして菊のおかげで過去が清算できたとして、累の霊は美しい姿に変わり、自分もこの世に戻ってきたというのだが……。これだけで事態が収まるはずもなかった。

　一か月後、累はまた菊にとり憑いた。そして予右衛門と村人たちの罪を責め続けた。

「お前の指示通りに供養したではないか。これ以上なにを望むのか」と問う名主に「まだ成仏していない。予右衛門の田畑を売って石仏を建立してくれ」と返す累。「あの土地は今や菊の所有だ。お前を助けた菊の恩を仇で返すのか」との正論に累は泡を吹いて叫んだ。「それはただの理屈だ！　われの願いをかなえねば、我慢などせぬぞ！」もがく手足で体中を傷つけるので、仕方なく村の金で石仏を建てることを了承。累がいったん落ち着いた後、村人たちが亡くなった親族のあの世での行方を訊ねてみると。「そいつも地獄、あいつも地獄、皆おおかたが地獄の罪人だ」などと死者たちが責め苦を受ける様子を描写する。「うちの親は善人だ！」「罪を犯した証拠を出せ！」と怒る村人たちも、累が彼らの生前犯した悪行を挙げたてると黙ってしまった。それはまさしく、その場にいたものたちが生き証人として知っている情報だったからだ。他にも多くの罪状を数えようとする累を、名主は慌てて大声で制し、念仏供養を始めたのである。

……死者の罪だけならまだしも、これ以上の悪事も露わになり、代官所が介入する事態となってしまえば、この村が滅びかねない……。迫る危機感に、名主は身震いした。

そこにヒーローが到着する。若き日の祐天上人《ゆうてんしょうにん》が、菊を苦しみから救えなければ仏門を捨てる覚悟で羽生村へやってきたのだ。こうして鬼気迫る悪霊祓いが始まった。

その時、菊は体を取り戻していたが、累の霊がそばを離れず命令してくると訴えた。「念仏を唱えよ」と迫る祐天、「累が唱えさせない」と拒む菊。祐天は菊の髪をつかんで顔を上げさせると「お前はなにものだ」と怒号をあげた。「本当に累の霊なら成仏のための念仏を拒むはずがない。菊の体を乗っ取るものめ。今すぐ菊を殺して、俺も一緒に死んでやるぞ」

この勢いに菊も念仏を唱え、累の霊が離れたと述べた。石仏を開眼し、累に新たな戒名も与え、一件落着と思われた一か月後。またも菊が霊に憑かれたとの知らせが祐天に届く。

駆けつければ、菊は体を浮き上がらせ苦しみ悶えている。「菊か累か」の問いにも答えなかったが、祐天が「返事せねばねじ殺すぞ」と頭をつかんで床に押しつけると「す」と声が漏れた。よく聞けば「助という、土手から鬼怒川に落とされた小さな男児だ」という。

「聞いたか。これは代官所に捜査を依頼するか、それが嫌なら村で調査せねばならんな」

祐天に脅された名主が村中に通達すると、六十一年前の新事実が浮上した。

助とは、累の父の結婚相手の連れ子だった。醜い助を嫌った累の父は、その妻に命じて鬼怒川で溺死させたのである。その後生まれた実子の累は、死んだ助にそっくりの容姿をしていた。となれば予右衛門が累を鬼怒川で殺したことも、巡る因果に絡み取られたのかもしれない。妹の累と同じく成仏させてくれという助の願いに、祐天はじめ一同が涙した。

彼にも戒名を与え弔い、ようやく羽生村を震撼させた憑霊事件は解決したのだった。

――以上が、祐天上人と村人たちに聞き書きした事のあらましである。

解説

霊に憑かれた娘によって暴かれる、皆が隠した罪の数々

これは現在の茨城県常総市羽生町あたりで起こった実際の事件の記録だ。**菊**という数え十四歳の若妻にとり憑いた**累**の霊を祓ったのが、後に江戸を代表する僧侶となった**祐天上人**。そして事件から十数年後、浄土宗の僧である**残寿**《ざんじゅ》が祐天や羽生村の人々からの聞き取り調査をまとめ『死霊解脱物語聞書《しりょうげだつものがたりききがき》』（一六九〇）を出版した。つまりこの物語は僧でありつつ事件記者も担った残寿によるルポルタージュなのだ。

累にまつわる憑霊騒動は江戸時代のメジャーな怪談であり、歌舞伎や随筆など多方面にわたって触れられている。現代ではその後日譚という体裁の三遊亭圓朝《さんゆうていえんちょう》『真景《しんけい》累《かさね》ヶ淵《ふち》』のほうが有名だが、同作と元ネタの事件とではストーリーが大幅に異なる。

霊や悪魔や狐に憑かれる（と見なされる）現象は、それが霊能者によって祓われる儀式まで含め、いつの時代もどこの地域にもある人類普遍の文化だ。私自身もスリランカで悪魔祓いの儀式に立ち会ったし、青森では幾度も狐憑きを祓った霊能者に取材したし、同種の実体験談については数限りなく採集している。そうした経験から言わせてもらえれば、誰かが霊的なものにとり憑かれる現象とは、憑かれた人の個人的トラブルが原因であると同時に、いやそれ以上に、その人が所属する共同体の関係性トラブルから発生している面が大きい。

累の怪談もまさに、羽生村という共同体が隠してきた闇の歴史、村人たちが抱えていた関係性のトラブルがついに噴出した出来事に他ならない。累にとり憑かれたという菊は、おそらく父が義母を殺したことも、羽生村の人々がそれを知りつつ隠していたこともとっくに承知していた。祖父が義理の伯父**助**を殺害したことまで知っていたかは微妙だが（原著では周囲が勝手にこの事件を関連づけたようにも読める）、断片的な情報から推測してはいただろう。ともかく羽生村の人々は、数十年にわたる殺人の記憶を隠蔽し続けていた。その溜まりに溜まったフラストレーションは、関係者の子であり母を亡くし結婚したばかりの娘である菊によってついに暴かれる。菊の口を借りた累と助の霊言とは、父と祖父そして村人たちへの罪の告発なのだ。これを「科学的」に捉えれば、田舎の村の閉鎖的な人間関係が隠してきた暗部が、不安定な時期の娘に作用し、精神疾患として発露したといえる。しかしそれと累や助の怨霊が憑いたという「怪談的」な捉え方とは、ただアプローチが異なるだけで本質的な違いはない。

こうした諸々を理解していたからこそ、祐天上人は事件を見事に解決できたのだ。彼の行動は二元論ではない。本当に菊に累や助の霊が憑いていたのかという真or偽、村の犯罪の有無を証明して裁くという善か悪かの区別にこだわっていない。それらを全て飲み込んだ物語を受け入れ、その上で物語の最善の結末、菊や村人たちを救うハッピーエンドを目指したのだ。そうした闇を飲み込む物語とはつまり「怪談」である。

祐天と菊が織りなし、残寿が記録したこの話は、紛れもなく怪談の古典なのだ。

四章

禁忌

死体を喰う話
田中河内介の最期
牛の首
将門の首塚
運ばされた箱

死体を喰う話

POINT
・毎夜外出する学友の後を追うと、墓場の死体を貪り喰っていた。
・人間の肉や内臓を食べれば難病が治るとの迷信から生まれた怪談。
・治療目的の人肉食事件が多数発生していた時代背景が窺える。

その旧制中学校は林に囲まれた郊外にあり、生徒全員が寄宿舎に入っていたそうだ。

祖父はこれ以上の情報を教えてくれず、どこの学校かなどの詮索をかたく禁じた。

「とにかくあの旧制中学で、俺が見たものだけを聞いてくれればいい」

それが祖父の、死ぬ間際の頼みだったのだ。

最終学年、今でいう高校三年生たちには特別に二人だけの部屋があてがわれた。祖父と同室だった男子生徒については、名前を伏せられたので仮に「山野」とでもしておこう。

二人の仲はあまり良くなかった。山野は体が弱く神経質で、学友たちといっさい交流しようとしなかったからだ。山野の出身地や家族構成については学内の誰も知らなかった。

とはいえ祖父も旧制高校つまり大学への進学を控えた時期だったので、彼と積極的に関わり合うつもりはなかった。ある夜、ふと目を覚ますまでは。

衣擦れと足音だけのかすかな物音だった。なぜ眠りを破られたのか今となっては不思議に思う。ともかく祖父は、薄暗い部屋から山野がそっと抜け出すのを見てしまったのだ。

こんな真夜中にトイレにでも行くのだろうか。気にするほどのことではない。そのまま二度寝すればいい。しかし祖父は、彼が戻ってくるのをベッドの中で待ち構えた。トイレには長過ぎる時間を経て、ようやく山野は戻ってきた。寝巻きの浴衣のままだから女との逢い引きではなさそうだ。なにより物音一つたてないよう動く影から、鬼気迫るほどの緊張感が伝わってくる。いつのまにか祖父の体にも冷や汗がにじむほどだった。

「それでも見ないふりをすればよかった。無視して卒業までやりすごせばよかったんだ」

だが次の夜、祖父はベッドの中で寝たふりしながら気配を窺っていた。そして昨夜と同じ頃合いに山野が部屋を抜け出すのを確認すると、その後をついていったのである。

明かりも持たず足音もたてず、寄宿舎を出て校庭を横切り、雑木林の下を駆け抜けていく。そんな山野の影を、祖父は必死で追跡した。途中、林の中ですっかり見失ってしまったが、目指す場所についてはそろそろ心当たりがついていた。

いや、正確には昨夜の時点で、祖父はとっくに勘づいていたのだ。

林を抜けた先の墓地に辿り着いた。息をひそめ物陰から覗き込むと、山野は一つの墓の前でうずくまっていた。学校そばの集落で、ついこのあいだ葬式があったことを祖父は知っていた。火葬場のないこの村では、いまだに土葬が行なわれていることも。

闇夜の墓場に奇妙な調べが響いた。硬く細いものが砕かれる音、柔らかな腐敗物がつぶされる音、粘っこい液体がすすられる音。それに合わせて山野の背中が上下に揺れる。

「あいつは夢中だった。俺が見ていたこと、そっと逃げたことに気付いていないと思った」

掛布団を頭からかぶって震えていると、山野が部屋に戻ってくる気配がした。瞼を閉じ、体をこわばらせる。ベッドに入るかと思いきや、山野はすうっとこちらに近寄ってきた。

そのまま鼻先が触れるほど近くで覗き込んできたのが、布団ごしにも伝わった。

「……見たか？」

ささやくような声が響く。祖父はひたすら瞼を強く閉じ続けた。

翌日から、山野はなにごともなかったかのように学校生活を続けていた。祖父もそれに合わせて、なるべく以前のとおりに振る舞った。

しかし数日後、雑木林で首を吊っている山野が発見された。

遺書はなく、死の理由は不明だった。だがしばらくして噂が流れてきた。山野は不治の難病にかかっており、ずっと悩んでいた。それを苦にして自ら命を絶ったのだろう、と。

「……昔はな、アレを食べれば病気が治るって、必死に信じていた人々もいたんだよ……」

そう言い残した数日後、祖父も帰らぬ人となった。

解説　病苦と人肉食タブーとの葛藤が刻まれた怪談

病弱な学生（主に旧制中学校の生徒）が墓から死体を暴《あば》き食べていたとの怪談は、明治から昭和戦前にかけて日本全国に点在していた。

松谷みよ子『現代民話考』（一九八二）では「お前見たな」との分類で青森、秋田、山形、福島、福井、岡山と多くの事例が紹介されている。またこの怪談をモデルとした小説として、葉山嘉樹《はやまよしき》「**死屍を食う男**」（一九二七）では著者の出身校であろう福岡県、田中貢太郎「**死体を喫う学生**」（一九三八）では北海道の学校が舞台とされている。戦前までは広く知られていた「学校の怪談」であることは間違いない。

同じ寄宿舎に住む寮生がそれを目撃したため、「見たな」という恨みがましい一言を投げかけられるというのが共通するオチだ。また、なぜ死体を食べていたかについては、病気治療のためという動機が説明されることが圧倒的に多い。

日本では古代から近代まで、「人の肉や内臓、特に生《い》き胆《ぎも》を食べることが難病を癒やす」という迷信が流布していたからである。江戸時代の人斬り浅右衛門《あさえもん》こと山田浅右衛門は、代々にわたって公式の死刑執行人を務め、死刑囚の肝臓などの臓器を漢方薬として販売することが許可されたため、多くの富を築いたという。

こうした背景をもつ物語としては、『**因果物語**』（一六六一）の「魂とび行て尸をくらひける事」、『**曾呂利物語**』（一六六三）「罪ふかきものの今生より業をなす事」がある。江戸時代にもメジャーな怪談だったのだろう。

そして明治近代に入っても、この迷信は駆逐されずに根深く残っていた。それどころか殺人事件にまで結びつくことも多々あったのである。犯罪史にまつわる本を紐解けば、明治から大正どころか、戦後でもなお「肝取り殺人事件」「人肉取り殺人事件」が幾つも発生していたことが確認できる。

現代人の我々から見れば、効果がない上にひたすら残酷なだけの行為と映るだろう。また実際の事件ではないにせよ、こうした怪談や都市伝説をタブーめいた興味で語り広めることも、差別と偏見を助長する不謹慎さを含むことは否めない。

しかし実際に語られていた怪談を〝なかったことにする〟のは、逆に新たな差別を生む土壌へと繋がってしまう。医療が未発達だった時代、不治とされた難病について悩み苦しんだ人々がいた事実を覆い隠すのではなく、むしろ歪んだ差別意識があった事実を含めて見直してみる。それこそが「怪談」というものへの有意義なアプローチではないだろうか。

田中河内介の最期

POINT
・怪談会で田中河内介の最期を語りかけた人が死んだ、実際の事件。
・元の話自体が薩摩藩や明治維新にまつわる政治的タブーだった。
・死亡事件により、語ってはいけない話だとの評判が強まる。

「本日の怪談会のため、特別なお話をしましょう。田中河内介《たなかかわちのすけ》の最期についてです」

いつのまにか男は話者の席に座って、そう語り始めた。

大正三年七月十二日夜。京橋の画廊「画博堂」では、幽霊画展示にあわせた怪談会が催されていた。お遊びのような会だが、泉鏡花《いずみきょうか》、谷崎潤一郎《たにざきじゅんいちろう》、岡本綺堂《おかもときどう》といった文士をはじめ、画家・黒田清輝《くろだせいき》や歌舞伎役者・市川猿《いちかわえん》之《の》助《すけ》などそうそうたる面子が集まった。

「実はこれ、我が家では語ってはならぬと固く禁じられた話でして。藩の恥、一族の恥とはいえ、ご一新もとうに過ぎた今なら話しても差し支えないでしょう」

男は新聞社の営業部員だが、出身は薩摩の旧家なのだという。ご一新、すなわち明治維新も遠くなった大正の世である。若い参加者のなかには「田中河内介」を知らぬものもいたはずだ。となるとおそらく、当時に詳しい岡本綺堂が横から解説を入れただろう。

「先帝（明治天皇）の教育係も務めた、幕末の勤王家ですよ」

田中河内介は但馬《たじま》（現・兵庫県）出身の医師。尊王攘夷の立場から、薩摩藩の急進派と手を組むようになり、ついには薩摩の内紛「寺田屋騒動」に関わったことで捕縛されてしまう。鹿児島へ移送されることになったが、事態を重く見た一部の薩摩藩士は彼の暗殺を計画。瀬戸内海をゆく船上で、河内介と息子を惨殺してしまったのである。一説には、大久保利通の指図によるとも噂されるが、定かではない。

「あれはひどく残酷な殺し方だったそうですね」、泉鏡花がぐっと身を乗り出す。

「拘束した田中父子をなますに切り刻んだとか。海に捨てられた河内介親子の死体は小豆島に漂着しましたが、慰霊碑が建てられるまで三十年もかかったそうで。また、この事件の関係者たちは次々とおかしくなったり、自害したとも聞きますよ」

「はあ……」と男は口ごもる。出し惜しみではなく、とにかく語り口が下手くそなのだ。

そんな彼の代わりに、参加者たちは口々に「河内介の祟り」をしゃべりだした。

「明治初年、天皇陛下が河内介の消息を尋ねたところ、列席者の一人が『大久保利通に殺されました』と名指しし、場が凍りついた」

「その後、殺害現場の垂水沖で大久保公を乗せた薩摩の蒸気船・永平丸が座礁したのも、大久保公が紀尾井坂で暗殺されたのも、河内介の祟りではないか」

なるほど。「ご一新もとうに過ぎたから」とは、明治新政府の関係者もいなくなった今、一族や薩摩藩の恥部を、そろそろ暴露しても差し支えないとの意味だろうか。

「河内介の最期を知る人間は、もう私一人です。藩と一族の秘密ではありますが——」

いよいよ本題に入るのかと、皆が耳をそばだてたのだが。

「——とうにご一新も過ぎましたので話して差し支えないでしょう。河内介とは……」

また同じ話が始まった。説明が行きつ戻りつしながら、本題に入る手前で「ご一新もとうに過ぎましたから」と元に戻る。それが延々とループし続けるのだ。

呆れた参加者たちの中には、ちらほらと二階の座敷を離れ、一階の帳場へ降りるものもいた。彼らがタバコをふかし「なんですかあの人」「少しおかしいんでしょう」と話し合っていた、その時。二階が騒がしくなり、「医者を呼べ！」との叫び声が響いた。

例の男が、突然もつれた舌で「カワチノスケ、カワチノスケ」とつぶやいたかと思うと、小机に突っ伏してしまったのである。慌てて駆け寄ってみれば、高熱を帯びて意識もない。

男はそのまま自宅に運ばれたが、結局、高輪の病院にて亡くなってしまったそうである。

この後日談を聞いた参加者たちは震え上がり、自分たちが居合わせた怪事を、機会あるごとに人々に伝えていった。

語ってはいけない話を語ろうとして死んだ男がいる、と……。

解説　「語らずの禁忌」の理由は、怨霊の祟りか維新の闇か

語ってはいけない話をしようとして死んだ男とは、新聞「萬朝報《よろずちょうほう》」の営業部員、石《いし》河光治《かわみつはる》。怪談会から二週間後の二十六日夜半に病死したようで、二十八日付の萬朝報に訃報記事が載っている。話がしどろもどろだったのは突然の病気（脳梗塞か脳溢血だろうか）によるものかと推測される。

騒動の様子は、実際に怪談会に参加した鈴木鼓村《すずきこそん》、父親が参加者だった池田彌三《いけだやさぶ》郎《ろう》、参加者に話を聞いた徳川夢声《とくがわむせい》といった様々な文筆家が、後の時代にエッセイなどで紹介している。東雅夫《ひがしまさお》『**文藝怪談実話**』（二〇〇八）で全体的にまとめられているので、そちらを参照するのがいいだろう。語ってはいけない話を語ろうとして死ぬとは、まさに「**牛の首**」「**鮫島事件**」などのタブー系怪談を想起させるエピソードである。ただ、そのタブーは怨霊の祟りという意味だけではない。

例えば、河内介の同志・小河一敏《おごうかずとし》の明治八年の書簡には「田中父子の殺害は、薩摩藩士が秘して語らないので詳細不明だが……」といった旨の記述が見られる。また、明治天皇に「殺害は大久保利通の指図」と告発した人物こそ小河であり、後に彼が広《ひろ》沢真臣《さわさねおみ》暗殺の嫌疑をかけられたのは、大久保による報復だったとの説もある。

後年発見された田中父子の死体検分書には「目はくぼみ鼻肉も落ち、下帯（下着）も

無く、えぐられた左わき腹から臓物が二十センチもはみだし、八寸釘で留めた足かせをはめられ、船繋縄で後ろ手に縛られている」と、酸鼻を極めた様子が記録されている。

瀬戸内海の小豆島に漂着した彼らの死骸は、島民によって密かに葬られた。その無残な有り様から、公にしてはいけない事情であることを、現地島民たちも察していたのだろう。父子の墓は「足かせ大明神」という名で祀られていた。

その墓が河内介の子孫によって発見されたのが明治二十五年。慰霊運動が起こり、「哀悼之碑」が建立されたのが明治三十二年。彼らの死をオフィシャルに語るには、三十年以上の時を経なければならなかった。

幕末から明治にかけての「田中河内介の最期を語ってはならない」タブー。それは祟りの噂というより、薩摩藩の暗部ひいては明治新政府の闇に触れてはならないという、あくまで政治的・現実的な禁止事項だったと見るべきだろう。

この怪談会の後にも『同志の人々』（一九二五）という河内介殺害を描いた演劇がヒットしている。世間一般では「田中河内介の最期」をオカルト的に捉える風潮は薄かったようだ。それが怪談に転換したのは戦後のこと。徳川夢声や池田彌三郎といった当事者でない人々が、間接的に聞いた恐怖譚を再紹介するようになってからだ。

つまり「田中河内介の最期」は、「ご一新もとうに過ぎ」た時代のさらにあと、政治的タブーの意味すらも忘れ去られた時代になり、ようやく怪談として囁かれるようになったのである。

牛の首

POINT
・聞いたら死ぬとされる最恐怪談なので、その内容は誰も知らない。
・実は内容のない話だが、その題名は雨乞いの殺牛祭祀が由来では。
・近代以降、殺牛祭祀を語らずの禁忌としたことが「牛の首」へ繋がる。

「牛の首」は、この世でいちばん怖ろしい怪談なのだという。ただし「牛の首」がどんな話かは誰も知らない。あまりに怖ろしいため語りたがる人間がいないから。いや文字通り「死ぬほど怖い話」のため聞いたものは恐怖で死んでしまい、他人に伝えようがないから。題名しか知られていない最恐怪談。それが「牛の首」なのだ、と。

それは違うと言う人もいる。「牛の首」なる怪談など実際には存在しない。そんな話があること自体が嘘であり都市伝説だ。内容がわからないからこそいちばん怖ろしいという恐怖心理をついたお遊び、メタ怪談こそが「牛の首」なのだ、と。

確かにその通りだろう。しかし、だとしても、なぜそれは「牛の首」と呼ばれるのか？　どうして語ってはいけない怪談に「ウシノクビ」というタイトルが冠されているのか？　はたして「牛の首」とは、なんの意味もない言葉の羅列なのだろうか……。

解説

タイトルが暗示する、かつての血生臭い雨乞い儀式

この噂が最初に周知されたのは小松左京の短編小説『**牛の首**』（一九六五）だ。世間に出回る多くの「牛の首」考察は、この短編を元ネタ・出発点としている。ただし「牛の首」は小松左京の創作アイデアではなく、昔から関西圏に広まっていた噂のようだ。

私は「牛の首」にもルーツがあると考えている。それは西日本を中心に全国で行なわれていた雨乞い儀式「**殺牛祭祀**《さつぎゅうさいし》」である。大陸から古代日本に輸入された儀式で、牛の頭を神に供えることで特に雨乞いを祈願する。例えば横須賀市の「鉈切遺跡《なたぎり》」では、古墳時代に行われた殺牛祭祀の様子がかなり良好な保存状態で発見されている。

元来は牛を供物として水神をもてなす意図だったが、日本に伝わると意味合いが正反対になる。むしろ牛の頭や血という穢れによって神を怒らせ、その発露として雷雨を期待したのだ。そうした性格上、仏教伝来により動物の血や殺生への穢れ意識が普及した日本では、権力側が禁止令を出すようになった。それでも民間における殺牛祭祀は各地でひっそり継続しており、二十世紀に入っても一九一三年の和歌山、一九三三年の山梨、一九三九年の兵庫といった事例が報告されている。

特に和歌山はこの祭祀が根強く残っていた土地で、同県の水場にて牛鬼伝説が数多く語られているのもこの儀式の名残かと察せられる。また和歌山市出身の作家・竹内

義和氏は幼少期、山沿いの淵にて牛の首が祭壇に祀られている様子を実見しているそうだ。一九六〇年代のことなので、私の知る限り最も遅くまで行われていた事例だ。

東日本では特に静岡県に類似の伝承が多く残されている。地元の民俗誌を紐解けば、静岡市の竜爪山《りゅうそうざん》は雨乞いの地として「夜中に人目を忍んで牛の首を捧げると雨が降る」と伝わる。浅畑沼《あさばたぬま》も「この池に牛の頭を沈めて雨乞いすれば、どんな日照りでも雨が降る。しかしその儀式を口外すれば、雨は降らない」という。つまり両スポットとも牛の首を供えて雨乞いする殺牛祭祀と「語らずのタブー」がセットになっているのだ。

また周辺地域では初茄子がとれると竜爪山に向けてから食べる風習があったらしい。お盆の供え物で知られるとおり茄子は牛を表す野菜なので、これは過去なされていた殺牛儀礼の名残、見立て行為だとも考えられる。さらに鮎沢川の牛渕では、大きな牛人形を投げ込む雨乞い神事が現在でも継続されているほどだ。

とはいえ日本における殺牛祭祀の歴史や実態は把握しづらい。血生臭さを伴う儀式のため隠れて行われることが多く、近代以降はそうした因習を残していること自体がタブー視され、広く語られないようになっていたからだ。そう、まるで怪談「牛の首」のようにである。昭和期に入り、殺牛祭祀の風習はほぼ途絶えたものの、まだ人々の記憶から消え去っていなかった。さらに衛生意識や人権意識の高まりから「この地域で牛の首を投げ込む儀式があったことについて語るな」との禁忌が生じた。以上が、語ってはいけない怪談を「牛の首」と呼ぶようになった真相ではないだろうか。

将門の首塚

POINT
・将門の首塚は、下手に触れば祟りをもたらす場所と怖れられている。
・しかし祟りの噂は、関東大震災後の昭和期に始まる新しい怪談だ。
・一九七〇年代、再工事と大河ドラマの影響で首塚怪談が流行する。

そこで無礼を働けば、強烈な祟りに見舞われる……。

「平将門《たいらのまさかど》の首塚」は、日本で最も怖れられている場所のひとつだろう。

ただし将門の首塚が〝祟る場所〟として扱われだしたのは、それほど昔のことではない。大正時代までの首塚は、大蔵省の敷地に残された盛り土の古墳だった。史跡として二度にわたる発掘調査が行なわれたが、内部からは遺体もなにも発見されていない。そして関東大震災によって大蔵省一帯が損壊。復旧工事に伴い古墳は破壊され、仮庁舎が建てられた。

首塚にまつわる怪談が語られ始めたのは、その後からだ。

数年後、大蔵大臣はじめ、官僚や工事関係者が次々に死亡していったのだ。死者数は十人以上におよび、庁舎内での転倒による怪我人も続出。将門の祟りではないかと怖れた当局は一九二七年、塚の石碑を新たに建立。翌年三月二十七日に神田明神による鎮魂祭を、四月十四日に日輪寺での法要を執り行なった。

さらに一九四〇年、落雷によってまたも大蔵省庁舎が焼失。大手町の官庁街まで燃え広がる被害が起きた。奇しくも将門没後一千年目にあたる年だったこともあり、再び大蔵省による慰霊祭が催された。

　さらに将門の首塚の怪談が日本中に広まったのは一九七六年。この年、雑誌などのメディアがこぞって首塚の祟りにまつわる伝説を紹介したのだ。

　戦後、アメリカ進駐軍が首塚一帯を駐車場にしようと画策。しかし工事に入ったブルドーザーが横転し、日本人運転手が死亡してしまう。そこで当時の町内会長がＧＨＱに「大首長の墓を保存してくれ」と陳情し、なんとか首塚が残されたという……。

　首塚に隣接した企業ビルの各階で病人が続出した。彼らはすべて窓際のデスクに座っており、塚に尻を向けていた。この失礼が将門を怒らせたのだと解釈し、机を反転させて正面を向くようにしたところ、祟りは鎮まったそうだ……。

　今も有名なこれらの逸話が、当時のマスコミによって喧伝された。こうして将門の首塚は日本人にはおなじみの祟りスポットとして認知されるようになったのである。

解説　再発見・再評価がもたらした新しい「祟り」

将門の首塚の由緒はたいへん古い。朝廷との争いに敗れた将門が、日本最初の獄門＝さらし首になったのは九四〇年。だがその首は生きているように「しい」と笑った り、体を求めて京都から東国を目指して飛び立ったとか。その途中で落ちたとされる芝崎村が、現在の首塚の地である。由来によれば一三〇五年、芝崎村にて疫病が蔓延したため、真教《しんきょう》上人が将門の怨霊を神田明神として祀り、日輪寺に供養して鎮めたとされる。そして江戸城および都市の開発に伴い、神田明神は現在地（外神田二丁目）へ移動。

ただその後の江戸時代に、祟りの噂は発生しなかった。おそらく当時の人々からは「神田明神の跡地」「将門公の首を洗った池」または「縁結びの将門稲荷」というポップな場所として認識されていただろう。

そもそもここが将門の墓所として認識されるようになったのは、『平将門故蹟考』（一九〇七）を著した織田完之《おだかんし》たちの将門再評価運動による。情熱的に各地の将門関連史跡を調査していった織田は、大蔵省内の盛り土と将門伝説に着目。この時にはまだ盛り土の古墳はそのまま保存されていて、大蔵官僚・阪谷芳郎《さかたによしろう》（渋沢栄一の娘婿）の尽力もあり発掘調査が開始。遺体や首などは出土しなかったが、何者かを供養した塚であることは判明し、一九〇三年に史跡認定へと至る。ただ当時の将門再評価は、天皇の逆賊とされた汚名を返上せんとする啓蒙活動といった面が強く、オカルチックな要素は見られない。

大蔵省での様々な災厄と首塚の祟りが結びつけられたのは昭和に入ってから。つまりまだ発生から百年も経っていない、新しい現代怪談なのだ。その他のエピソードが世間に広まったのはもっと遅い一九七六年前後。これは三井物産ビル建設に伴う第五期整備工事、そして将門を主役としたＮＨＫ大河ドラマ『風と雲と虹と』放送が重なったタイミングだ。将門人気の再燃により、マスコミが数々の怪談エピソードを発掘し、日本中に広めたという流れである。

一九八〇年代から九〇年代には首塚怪談がさらに発展。荒俣宏《あらまたひろし》『**帝都物語**』（一九八五）や加門七海《かもんななみ》『**平将門は神になれたか**』（一九九三）といった伝奇ロマンで首塚が注目される。また「一九九〇年、爆笑問題の太田光がテレビロケ中に首塚を蹴った祟りで、その後三年も仕事を干された」との噂も有名だ。

そして二〇二一年、四十五年ぶりの再整備工事により、将門塚の石碑はリニューアルされた。その工事初期、石碑を移動させたとたん茨城県沖で最大震度五弱の地震が発生し、「将門塚の祟りか」と騒がれたものだ。将門の首塚は現代人にとっても、祟りをもたらす怖ろしいスポットなのだ。

運ばされた箱

POINT
・謎の女に運ばされた箱の中身は……『今昔物語集』屈指の凶悪怪談。
・実話的リアルと不条理な残虐性との両立は、現代怪談を凌駕する。
・橋の境界性、橋姫や丑の刻参りとの関連など、古典的要素も強い。

紀遠助さんは現在の岐阜県、美濃の生津にある荘園に勤めていた。

「いや当時の遠助は荘園にはおらず、私に付き添って京都に単身赴任していたんです」

そう証言するのは、荘園を治めていた藤原孝範《ふじわらのたかのり》さん。彼の京都出張に同行した遠助さんは、東三条殿《ひがしさんじょうどの》の警備担当を任されていた。

「その仕事がようやく一段落したので、遠助には長期休暇を与えてあげました」

久しぶりに美濃の自宅に帰るとあって、遠助さんもたいへん喜んでいたようだ。京都から東の美濃方面に入るには、琵琶湖の南の唐橋から瀬田川を越えるのが、主要かつ最短のルートだ。その唐橋を、馬に乗った遠助さんと部下たちが渡ろうとしていた時。

「どちらへいらっしゃるのですか」、橋の途中で、ひとりの女に声をかけられた。着物の裾を引き上げて立っている、なにやら怪しい女だ。とはいえ無視するのも失礼かと、わざわざ馬から下りた遠助さんが「美濃へ向かっています」と答えたところ。

「ではお頼みします。この箱を、方県《かたがた》郡の大唐郷《もろこしごう》の段の橋まで持っていってください。橋の西詰に女性がいるので、その人に渡せばいいのです」

なんとも薄気味悪い頼みごとである。遠助さんも内心は断ろうとしたのだが、女の様子がやけに怖ろしく、そのまま箱を受け取ってしまったそうだ。

「その女性とは誰なのですか。もし段の橋にいなかったら、どこを訪ねればよいのですか。というか、そもそも誰からの届け物だといえば」

「いいから」と、女は遠助さんの質問を遮って。

「ただ橋に行きなさい。女は来ます。必ず。ただし」

——けっして、この箱を開けてはいけませんよ。

そんな命令を残して、女は唐橋から去っていった。

「いやあ……でもおかしいですよ。遠助様は、本当にそんな女と会話していたんですかね」

後になってそう証言したのは、同行していた部下たちだ。彼らは誰一人として、例の女を目撃していないのである。唐橋を渡っている最中、いきなり遠助さんが馬から下り、一人でじっと立ちつくしていた……というのが彼らの言い分だ。

「なぜあんな無意味な行動をしたのか、全員、首をひねるばかりでしたよ」

はたして遠助さんは本当に女から箱を受け取ったのか。これも疑問が湧くポイントだ。

なにしろ唐橋を渡った後、遠助さんはどこにも寄らずまっすぐ家に帰ったのだから。

「約束をすっかり忘れてしまったせいだって、うちの人は言い訳してましたよ。でもそんなの、ちょっと不自然じゃないですか？」

遠助さんの妻は、当時を思い出してそう語る。彼女は単身赴任から帰ってきた夫が、帰宅するなり不審な行動をするのを目撃していた。物置部屋にうず高く積まれた荷物の上に、絹布に包まれた箱をこっそり置いていたのである。

「その様子もおかしいですよね。こりゃ愛人へのプレゼントを京都で買ってきたな、と」

嫉妬にかられた奥さんがその箱の絹布をほどき、蓋を開けて確認してみたところ。

「まさか、あんなにおぞましいものが入っているなんて……私もう怖ろしくなっちゃって」

遠助さんが帰るなり、箱を開けたことを打ち明け、その中身を見せつけた。

「見るなといわれたのに！　……困ったな」

遠助さんはため息をつき、これまでの経緯をすべて奥さんに説明した。

「本当に忘れていたんだ。家に帰ったとたん、約束を思い出して……。段の橋にはどこかのタイミングで、こちらから持っていこうと思っていたんだよ」

こうなっては仕方がない。なんとか穏便にすまそうと、遠助さんは箱の封を元通りに閉じ、段の橋へと向かっていった。橋の西詰で待っていると、確かに一人の女がやってきたらしい。だが遠助さんが箱を渡したとたん、女はこう告げた。

「箱を開けて、中を見ましたね」

封を元通りにしたのだからバレるはずがない。遠助さんは必死に否定したのだが。

「なんて酷いことをしたのですか」

女は怒りに燃えた目で睨みつけてきた。

慌てて逃げ帰った遠助さんは、「気分が良くない」と床に臥せってしまった。そして段の橋で見聞きしたことを奥さんに伝えたあと。

「だから。開けるなといわれたのに開けたから。開ける理由もないのに開けたから」

そう言い残し、すぐに死んでしまったのである。

ところで箱の中にはなにが入っていたのだろうか。遠助さんが亡くなった今、それを知るものは奥さんしかいない。

「いや、隠しているわけじゃないから、教えろというなら教えますけどね……」

ほじくり出された人間の目玉と、あちこち陰毛がついたまま切断された男根。

一つや二つではない。それらがいくつもいくつも、まるで宝物のように大切にしまってあったのだという。

解説

開けてはならぬ箱に入っていたのは、男への凄まじい恨み

「美濃国の紀遠助、女霊にあって死ぬ（美濃国紀遠助値女霊遂死語）」は『今昔物語集』の中でも特に不条理で残虐性の強い怪談である。なぜあんな箱を配達させたかったのか、橋の女たちの目的もわからないところが、よりいっそう怖ろしい。もし解釈が許されるなら、**丑の刻参り**のように憎い男の命を狙った呪術なのだろうか。だとすれば術の内容を目の当たりにした目撃者が命を落とす点も、丑の刻参りと似通っている。

これもまた原文にあたれば、ドキュメンタリー的な実話形式がとられていることに気付く。視点が遠助のみに限定されず、藤原孝範（状況説明）↓部下たち（唐橋）↓遠助の妻（帰宅後）と各場面で別の証言者が用意されている。また遠助の他に橋の女たちを目撃したものがいない点も興味深い。妻は箱を確認したが、肝心の女たちには会っていない。部下たちも遠助一人が棒立ちしている様子を見ただけだ。というか原文では独り言すら呟いていないのだから、なんとも不自然である。

二人の橋の女は、本当にいたのだろうか？　唐橋での不審な挙動含め、彼の異常な虚言だったのでは？　人の目玉と男根がいくつも入った箱というのは遠助自身の持ち物だった？　エリートである遠助の正体は殺人鬼で、それが妻に判明しかけたのでとっさに嘘の怪談をこしらえ、自殺したのかもしれない……。とまあ、こうした無数

の解釈ができるのも、「実話」と捉えればこその楽しみである。

また橋から橋へと連絡するストーリー構成からわかるように「**安義橋の鬼**」と同じ橋にまつわる怪談である。こちら側とあちら側を繋ぐ境界、どこでもない空間であるからこそ、橋は怪談が語られやすい場なのだ。

第一の女が登場する唐橋は京都と東国とを結ぶ交通・防衛の要衝で、歴史上たびたび激戦地にもなっている。藤原秀郷《ふじわらのひでさと》はこの橋に横たわる大蛇を恐れず踏み越えたことで、大ムカデ退治を依頼された。このムカデは秀郷が倒した東国の叛逆者・平将門を象徴しているのだろう。当時の京都人にとって唐橋とは最も境界性を意識させる橋だったのだ。

第二の女がいたとされる段の橋の所在は不明だが、岐阜市の西か南、揖斐川か長良川の橋だろうか。「大唐郷《もろこし》」とはおそらく唐の渡来人（もしくは捕虜）がいた集落であり、異国民が住む土地という意味で、都から離れたところにある境界と見なされたかと思われる。

近い境界から遠い境界へ。主人公がだんだんとあの世へ誘い込まれていく様子が、この怪談では見事に描かれている。

五章

真相

雪女
ドッペルゲンガー
海での写真
廃病院のカルテ

雪女

POINT

・若者が雪女と出会い、結ばれ、別れる様を描く美しい怪談。
・男が女に寄せる恐怖と憧憬が、ハーンの「雪女」に表れている。
・ハーン版「雪女」は、いつしか日本の昔話として定着していった。

ある村に、二人のきこりがいた。ひとりは年老いたモサク、もうひとりは若いミノキチ。二人はいつもペアを組んで、森での作業を行なっていた。

寒い冬の夕暮、二人は川向こうの森から帰る途中で吹雪に襲われた。なんとか船の渡し守小屋に逃げ込んだものの、火がおこせないなか、二人はつい眠り込んでしまう。

ふと目が覚めたミノキチは、いつのまにか白く美しい女が小屋にいて、モサクを覗き込んでいる様子を見た。女はモサクの顔にむかって、白くきらめく氷の息を吹きかけている。怯えて震えるミノキチに、女はにこりと笑いかけて。

「お前は若く、美しいから見逃してあげる。でも、この夜のことを決して誰かに喋ってはいけないよ。たとえお前の母親にだって……」。そう言い残し、女は消えた。

翌朝、気を失ったミノキチ、そしてモサクの凍死体が、渡し守によって発見された。

それから一年後の冬。ミノキチは、オユキという色白の美しい娘と出会い、恋をし、結ばれた。オユキは素晴らしい嫁で、家事をよくこなし十人の子にも恵まれる。母も臨終の際、オユキを褒めながら死んでいった。ミノキチたち家族は何年も幸せに暮らした。

ある晩のこと。ミノキチは行灯《あんどん》の光で針仕事をするオユキに目をやった。彼女の容姿は出会った当初から全く老いていない。すやすやと眠る子ども、淡い光の中で針を動かす美しい妻。ミノキチはこの愛に満ちた光景を眺めるうち、自分でも知らず言葉が漏れた。

「お前を見ていると、十八の時に会った女を思い出す。お前と同じ、白く美しい女で……」

「その人のことを話してくださいな……」

オユキが裁縫から目を上げず返事したので、ミノキチはあの夜のことを全て語った。

「お前と同じくらい美しい女を見たのは、あの時だけだ。ひどく怖ろしかった。怖ろしかったが、美しかった……あれは夢なのかどうか、今では分からないが……」

「……その女こそ、わたし、わたし、わたしです！」

オユキはすっくと立ちあがり、ミノキチの顔を見下ろした。

「一言でも漏らしたらあなたを殺すと言ったでしょう。もしここに眠っている子たちがいなかったら確かにそうしていたのに……。くれぐれも、子どもをよろしくお願いします」

そう叫ぶ声は風になり、その姿はきらめく霧となって昇り、煙穴から消えた。

それきり彼女は、二度と戻ってこなかった。

解説

個人的な恐怖と憧憬が、いつしか民話へとすり替わる

ラフカディオ・ハーン（小泉八雲）の、あまりにも有名な「雪女」の話である。よく誤解されがちだが、これは極寒の北の地、どこか雪深い村に伝わっている昔話ではない。そう、日本で最もよく知られている「雪女」の怪談とは、あらゆる意味で、「雪国に昔から伝わる怪談」ではないのだ。

ハーンの『**怪談**』（一九〇四）の序文には「**〝雪女〟は武蔵国、西多摩郡調布村の農夫が語ってくれたもので、彼の故郷に伝わる伝説だという**」と記されている。つまり現在の東京都青梅市のあたりだ。近年ではここからさらに推測を広げるかたちで、「雪女」の現場は青梅駅にほど近い多摩川に架かる調布橋付近と見られている。地元有志は調布橋のたもとに「雪おんな縁の地」の碑を建てており、ほぼ公認状態となっているようだ。

「雪女」の怪談は信越か東北地方の話かと思われがちだが東京が舞台だった。これだけでも意外に思う人はいるだろうが、探索はここで終わらない。

遠田勝は『**雪女百年の伝承**』（二〇二三）にて、ハーンの「雪女」怪談がいつのまにか「日本の民話・昔話」になっていった経緯を解説している。ハーンが東京の大久保村（現在の新宿区百人町）に住んでいた時代、府中調布の農家のものが家に出入りし

ていたのは事実である。宗八とお花という父娘がそれだ。ハーンが記しているとおり、一般的にはこの父・宗八から聞き及んだ民話が「雪女」だとされている。

ただしハーンの「雪女」草稿を確認すると、決定稿に至るまで大きく改作を続けた跡が見受けられる。ましてやミノキチとモサクという名前が完成直前まで出てこないところを見ると、どうしても宗八の話をそのまま英語に写した作品だとは考えにくい。

つまり「雪女」は青梅の昔話というより、ハーンによる創作の度合いが強い。さらにハーンの死後、彼の手を離れた「雪女」の怪談は、あたかも昔から根づいていた日本の民話のごとき扱いを受けていったのである。

もちろん一般的な意味での雪女にまつわる話は、それこそ日本の雪深い地域では昔から語り継がれてきた。雪山に現れた女を風呂に入れたら、雪のように溶けていなくなってしまったという類の昔話である。しかし悲哀を滲ませる格調高い怪談としてのハーン版「雪女」は、クオリティの高さゆえに各地の民話になり替わってしまった。

遠田勝の調査によれば、一九三〇年刊行の青木純二『山の伝説 日本アルプス篇』がその皮切りだ。同書ではハーン版「雪女」を白馬岳に伝わる話として紹介したため、その後これを長野や富山の口碑伝説とする誤解が広まっていった。いやそれどころか**「白馬岳の雪女伝説は、本当の口碑として流布し始め、ついには、これをハーンの原拠とする勘違いにまで至る」**といった逆転現象まで生じてしまうのだ。

この誤解は一九五〇年代や一九七〇年代にも再燃し、ついには民話の里・遠野ですら「雪女」が当地の昔話として見なされるようになった。つまり我々は何重もの誤解を経た上で、「雪女」をどこかの雪国で実際に語り継がれてきた怪談として味わっている。それは確かに誤りだが、この真相はハーン版「雪女」の価値を下げはしない。あの怪談はむしろ民衆の昔話ではなく、ハーンの個人的な物語という点に意味があるのだから。

雪女はミノキチにとって死の運命を握る女だった。自分よりはるかに強いこの女に、青臭いミノキチは完全に蹂躙された。しかし命の危機を乗り越え、いっぱしの大人となった彼は、妻を娶り子を育て生活を築いた。すべてが充足しきったところで、ふと昔出会った女の想い出が甦り、けっして言ってはならない言葉を妻に伝えてしまう。

「……その女こそ、わたし、わたし、わたしです！」

正体を明かす時、ハーンの雪女は三度「わたし」と叫んだ。若い時に自分を圧倒した雪女、共に幸せな生活を築いた妻オユキ、さらにいうなら最期まで嫁を称賛し続けた母親……この三人の女は、ミノキチという男にとって同じ一人の女だったのだ。男が命を許されたのは子を育てる使命のため。人生の各場面にいた三人の女はもう男から永遠に去ってしまい、傍らでは残された子たちが静かな寝息をたてている。

このひどく短い怪談には、捨て子であるハーンが抱いていたであろう、母と女への恐怖と憧憬があますところなく詰め込まれている。だからこそ我々は、この怪談を昔から日本各地で語り継がれた民話として求めてしまったのだ。

ドッペルゲンガー

POINT

・芥川龍之介が体験した、もう一人の自分がいるのではという怪異。
・芥川のドッペルゲンガーへの興味は強く、小説にも表れている。
・彼の自殺直前の遺稿にも同じ怪異が関わっているかもしれない。

小説家の芥川龍之介《あくたがわりゅうのすけ》は、ずっと〝もう一人の自分〟を気にしていた。どこかに自分そっくりの自分がいて、それに出会ってしまうことは死の前兆なのだという。東洋では離魂病《りこん》とも呼ばれ、西洋ではドッペルゲンガーとも呼ばれる現象だ。

例えば芥川は学生の頃、江戸時代のこんな怪談をノートに書き写している。

……北勇治という人が帰宅したところ、自分の居間の机に誰かが座っているのを見つけた。背中を向けているので顔は見えないが、髪型や服装が自分と瓜二つだ。

「自分の後ろ姿を見たことはないが、おそらくこれとそっくりなのだろうな」

そう思った勇治は、顔を見ようと足早に近寄る。すると男は振り向きもせず、障子の細い隙間から庭に抜け出てしまった。慌てて障子を開けてみたが、外には誰の姿もない。

家族にこの話をすると、母親は無言で眉をひそめた。勇治はまもなく病気になり、その年のうちに亡くなった。実は彼の祖父も父も、同じように自分の姿を見た直後に病死していたのである。母親はこの「影の病」を知りながら、ずっと秘密にしていたのだ……。

芥川自身は〝もうひとりの自分〟を目の当たりにした経験はない。ただ、知り合いが彼によく似た人物を目撃したという話なら耳にしている。

その知人とは女優の山川浦路《やまかわうらじ》。アメリカ映画界で活躍した俳優・上山草人《かみやまそうじん》の妻で、芥川の記述では「K君の婦人」と紹介されている。芥川は彼女から突然「先達はつい御挨拶もしませんで」と謝られ、困惑してしまった。帝国劇場の廊下ですれ違ったのだという浦路の説明に、なんら心当たりがなかったからだ。

それから十年経った、とある春の日。ぼんやりと死の不安に襲われた芥川は、鏡に映る自分を見つめるうち、突如このエピソードを思い出した。その一か月後に招かれた新潟の座談会でも同じ話を披露しているから、この時期の芥川には印象深い記憶だったのだろう。

そんなものは錯覚か人違いではないのかという同席者に対し、彼はこう反論した。

「そういってしまえば一番解決がつきやすいですがね。なかなかそう言い切れないことがあるのです」

それは思わぬ予言だったのかもしれない。同じ頃、芥川は『人を殺したかしら？』という短編を書いていた。主人公の画家が女性ヌードモデルを雇うが、そのモデルを絞め殺す夢を見たことを境に、彼女は行方をくらましてしまう……というだけの非常に短い話である。これは殺人の告白なのか、物語全体が夢なのか、はたまたドッペルゲンガーの存在を暗示しているのか。語り口そのものが不安定に揺らぐ、どこか危うい小説だ。

ただし、この作品は発表されなかった。

昭和二年七月二十四日、芥川が服毒自殺したためだ。

死の一週間前、芥川はなぜか『人を殺したかしら？』の原稿を新聞記者の前で破り捨てている。ただ不思議なことに死亡当日の朝、廊下には「破棄」の但し書きとともに同作の原稿束が置かれていた。その文末に記された脱稿日、昭和二年五月二十六日も謎である。新潟に滞在中の芥川が東京の自宅に戻ってくるより前の日付だったからだ。

もちろんこれを合理的に解釈することも可能だ。芥川は一度破り捨てた原稿を書き直し、なんらかの事情から嘘の脱稿日を付けたものの、死の直前にやはり不本意な作品として捨てることにしたのだ、と。だが、また別の解釈はどうだろう？

もう一人の芥川が『人を殺したかしら？』を書いていたという解釈だ。

あり得ない脱稿日付も、芥川が怒って破り捨てた理由も、いつのまにか書き直された原稿が廊下に置かれていたことも、それで説明が付いてしまうはずだ。

もしも本当に芥川龍之介に〝もう一人の自分〟がいたのだとしたら……だが。

解説　もう一人の自分が、勝手に小説を書いていたとしたら……

〝もう一人の自分〟に出会ってしまう怪談。それ自体は太古の昔から現代まで、また洋の東西にもよらず、人類史において広く分布している物語だ。

ただ日本や中国の古い文献を見ると、この怪現象はあまり深刻に捉えられていない。なにか強い願望があったので、魂が思わず体から抜け出し、肉体とは別の自分を出現させてしまった……というあっけらかんとした話が多い。

しかし近代以降の西洋文学では、唯一無二であるべき「私」の存在が揺さぶられるモチーフとして、多くの小説に使用された。ドッペルゲンガー怪談の流行である。

日本でも十九世紀以降となると、先述した「影の病」（只野真葛《ただのまくず》『奥州波奈志《おうしゅうばなし》』一八一八）のように恐怖味が高まってくる。そして近代的自我が輸入された後、芥川龍之介や佐《さ》藤《とう》春《はる》夫《お》のような「私」ネイティブ世代の文学者たちが誕生する。彼らがドッペルゲンガー怪談へ強い関心を寄せたのは、時代の必然だったのだろう。

芥川は二十代半ばから「二つの手紙」（一九一七）「影」（一九二〇）といったドッペルゲンガー怪談の小説を発表していく。いずれも自分と妻のニセモノ（？）が出現する話で、もうひとりの妻に不倫の疑惑がかけられる点でも共通している。もっとも実際には芥川自身のほうが、秀《ひで》しげ子・片山廣子《かたやまひろこ》という二人の女性と不倫の泥沼に陥り、長年にわたって精神を病んでいくことになるのだが……。
「二つの手紙」は、ドッペルゲンガーを妄想として笑い飛ばすような面も窺える小説だ。しかし三年後の「影」ではそうした客観的視点が薄まり、ギリギリの緊張感、暗い暴力性に拍車がかかっていく。これには不倫相手の秀しげ子と出会った直後だったという状況も、理由の一つに挙げられるだろう。また時系列的に見れば、「影」の執筆時期は確実に、山川浦路による芥川のドッペルゲンガー目撃事件の後となる（※「二つの手紙」はこの事件後か微妙な時期）。たった一件の目撃情報が芥川の精神を追い詰めたとは考えにくいが、少なくとも心のしこりにはなっていただろう。

遺作のひとつ「人を殺したかしら？」は、芥川全集収録の「夢」増補改訂作として一九六八年『芥川龍之介未定稿集』にて初発表された。編者の葛巻義敏《くずまきよしとし》はこれを「芥川最後の原稿」と主張。その理由は、先述の怪談パートで紹介した不自然な状況による。①芥川が死の一週間前、原稿を東京日日新聞の記者の前で破り捨てたこと。②しかし死亡当日の朝、廊下に同作の原稿束が置かれていたこと。③文末の脱稿日付（二・五・二六）＝昭和二年五月二十六日は芥川が新潟にいた日付なのであり得ない。つまりもっと遅い日付で再執筆したのだから、芥川最後の原稿なのだという。

その主張の是非はともかく、芥川の死体すぐ近くの廊下に「人を殺したかしら？」の原稿束が置かれていたという情景は、想像するだけで悪寒が走る。ドッペルゲンガー妄想とリンクするような内容も含め、実に不穏な小説作品ではないか。

海での写真

POINT

・溺死直前の友人の写真に、海からのびる無数の手が写っていた。
・空襲と海での死、そして心霊写真への恐怖が融合している怪談。
・実際の水難事故の怪談化、フィルム写真の流行により噂が生まれた。

海水浴を楽しんでいた若者グループ。そのうちの一人であるA太が、こう言い出した。

「あの岩場から俺が飛び込むところを写真に撮ってくれよ。お前の自慢の一眼レフでさ」

提案に乗って、写真好きの友人が浜辺からカメラを構える。

「ちょっと待ってろよ！」と、今にも飛び込みそうなA太を大声で制止する。まだ家庭用一眼レフにはオートフォーカス機能などついていない時代だ。ピントを合わせた後、岩場に向かってゴーサインを出す。水泳が得意なA太のフォームは、とても華麗だった。

「決定的瞬間だ！」友人は着水前の一瞬を狙ってシャッターを切った。わずかな水しぶきとともに、A太が海に突き刺さっていく。一秒、二秒……得意げな笑顔を捉えようと、さらにカメラを構えていたのだが、A太はなかなか浮かび上がってこない。どうしたのかと他の若者たちも集まって見つめるうち、波がばしゃばしゃと飛沫《しぶき》をたてた。

苦しそうなA太が、手足をばたつかせながら浮上してきたのだ。

「あいつ、ふざけやがって」、こんな穏やかな海で彼が溺れるはずがない。「そういうのいいから！」と笑いながら呼びかけるが、A太はずっと暴れまわり、ついには力なく下のほうへと沈んでいった。あいつ演技うまいなあ……と友人たちに褒められながら。

しかしA太が浮上することはなかった。皆が異変に気付いた時には、冷たい海の底で亡くなっていたのである。突然の心筋梗塞だった。少なくとも病院や警察はそう判断した。

A太の葬儀からしばらく経って、例の撮影を思い出した友人たちは写真館へとフィルムを持ち込み、現像・プリントしてもらった。なにしろ彼の最後の写真だ。そのままネガフィルムを捨てるというのは、さすがにしのびなかったのである。

しかし受け取った写真のなかに、例の飛び込み画像一枚だけが入っていない。写真館の主人は「失敗していたから処分した」と言うが、どうも嘘をついている気配である。

それでもいいからとにかく見せろと詰め寄ると、主人は「なにが写っていても驚くなよ……」と店の奥から写真を持ってきた。

そこに写されたものを見て、彼らは絶句した。

美しいフォームで宙に浮かんでいるA太。そんな彼のすぐ下の海面にあるのは、無数の手。海から突き出た何本もの白い手が、なにかを掴もうといっせいに指を開いている。そこにA太のまっすぐのびた指先が触れようとしている、決定的瞬間を捉えた写真だった。

解説　空襲の死者たちがのばす手を捉えた「決定的瞬間」

多くの人が知っている定番中の定番の怪談だ。おそらく一九七〇年代から発生し、インターネット普及期まで継続して広まっていたが、さすがに近年は大真面目に語られなくなっている。その理由は、手垢のついた古臭い話だからというだけではない。

この話では、**海怪談**と**写真怪談**という二つのモチーフが両立しているのだ。

まず海怪談の流れとして重要な点を述べよう。昭和後期から平成初期の人々にとって、「海中にひそむ手に摑まれる」恐怖は、戦時の空襲の恐怖と結びついた共通認識としてあった。それは例えば稲川淳二の怪談などに窺うことができる。「死を語る写真」は先述の怪談と同種類の話、「長い死体」は海で溺れ死んだ男性の遺体に老婆が絡みついているという話、「東京大空襲」の現場はプールだが空襲犠牲者の霊が出てくる話だ。稲川怪談以外でも多くの場合、海中にひそむ手と空襲の死者たちが直接に関連づけられているわけではないものの、その大元では繫がっている。

この恐怖とは、一九五五年の三重県津市で起こった「中河原海岸水難事故」と、それにまつわる怪談に起因しているからだ。その日は地元中学校が、中河原海岸にて水泳訓練の授業を行なっていた。天候もよく海も穏やかだったのだが、突如として多数の女子生徒が溺れだす。救助や治療が行なわれたものの、女子三十六名が死亡にいたる大惨事となった。そして時が経つにつれ、事故の原因が幽霊によるものだったとの怪談が語られ始める。大まかに言えば、その要点は次の二つ。

「『防空頭巾をかぶったたくさんの女の人たちに足をひっぱられた』と助かった女子生徒が証言している」「中河原海岸は、津市の空襲犠牲者たちの遺体が多数埋められた場所だった」。つまり空襲の死者たちが亡霊となって海中にひそんでおり、その手にひっぱられて女子生徒たちが溺れ死んでいった……というストーリーである。

事故から数年かけて次第にこうした怪談がかたちをなし、人々に語られだし、全国に広まっていった。だが、これらを成立させるための諸々の根拠は、かなり疑わしいものだ。女子生徒の証言というのもマスコミの過剰演出で捻じ曲げられたところが大きく、中河原海岸に空襲犠牲者が大量に埋葬されたままというのも事実無根だ。それらの事実関係については後藤宏行**『死の海 「中河原海岸水難事故」の真相と漂泊の亡霊たち』**（二〇一九）が綿密に調査しているので参照してほしい。

「中河原海岸水難事故」の怪談は、その後の海中にひそむ手と空襲の死者たちにまつわる海怪談へと変遷していった。しかし逆に言えば、大元の怪談の根拠が疑問視されている近年においては、人々の興味も失われてしまっているのだろう。

また一つ、これが写真怪談である面も見逃せない。犠牲者をひきずりこむため海から手がのびている「決定的瞬間」を捉えてしまったというイメージが、この怪談の根幹をなしているからだ。肉眼では目視できなかった霊的現象が写真によって露わになるとの感覚は、一九七〇年代に中岡俊哉《なかおかとしや》が仕掛けた**心霊写真ブーム**以降、日本人に定着していった。そうして発生した写真怪談の流れにありつつ、なかでも特徴的なのは「写真館の主人がプリントを見せようとしない」部分だろう。一見すると地味なシーンに思えるが、非常にうまく不穏な空気を盛り上げている、本怪談の重要な演出部分だ（こうした目立たないが重要な部分を私は**チラー・ポイント**と呼んでいる）。実際、現在でも多くの写真怪談で似たようなディテールが採用されているではないか。

浅羽通明「D・P・Eは逢魔の時間」（『別冊宝島92 うわさの本』一九八九）の指摘通り、これはかつて写真の現像・プリント（D・P・E）を町中の写真館に依頼していたことが背景となっている。また浅羽は一九八〇年代以降、D・P・Eがコンビニや薬局から現像工場へ配送されるシステムになったことで、写真館の暗部＝「**写真屋の、怪異現象をも含む情報の公開をコントロールしうる立場から生まれる無気味さ**」が消えていったとも述べる。そして時代が下り、デジカメからスマホに至った現代はD・P・E自体が必要とされない。撮影一秒後に画像が確認できる状況では、肉眼とは別の「決定的瞬間」の秘密が、タイムラグを経て現像されたり、どこかに隠されているのではといった恐怖が想像できないのだ。写真怪談自体は今も語られているが、海からのびる手が友人をひきずり込んだことを事後に確認するような話は根絶してしまった。

廃病院のカルテ

不良グループの若者たちが、廃墟の病院へと肝試しに訪れる。

ずいぶん前に閉鎖されたあと、ずっと放置されたままになっている建物だ。

床にはまだ、様々な備品や残留物が散乱している。机や棚だけでなく、薬品、注射器、たいそう古い日付の領収書。なにか小さな生体が入ったホルマリン漬けの瓶まで……。

なんとも気味の悪い場所だが、不良少年たちは仲間に弱みを見せるわけにはいかない。

わざと大声で騒ぎたて、床に転がる物品を蹴飛ばしつつ、病院内を探索していった。

「地下室があるぞ！」と階段を下りた先は、手術室らしき狭い部屋。錆びついたメスや血痕のついた手術着が散乱している光景に、さすがの彼らも圧倒されていると。

「俺、これ持って帰るわ！」

ふと気付けば、グループ内の一人の少年が、カルテをひらひら振っている。度胸を見せつけようとしているのだろうが、これには皆も引いてしまった。

「いや……それはあかんだろ」という制止に、少年は意固地になってしまう。

POINT

・廃墟の病院からカルテを持ち帰ると、謎の電話がかかってくる。
・今は全国の廃病院で語られるが、怪談が広まった時期はやや遅い。
・元は地域限定の噂で、発生した現場が特定できる珍しい都市伝説。

「こんなんただの紙じゃろがっ！」

そしてついには、カルテを丸めて服の中にしまい込んだのである。

場の空気も一気に盛り下がり、若者たちは病院を後にした。

翌日、例の少年が家でくつろでいると、母親が彼を呼びつけた。

「どこかの看護師さんから、あんたに電話かかってきとるんやけど……」

怪訝そうな声で母親が告げたのは、昨夜訪れていた病院の名前。思いもよらぬ事態に、少年は青ざめた顔で電話を受け取った。すると通話口から響いてきたのはか細い女の声。

「……さん」、女は少年の名前をはっきりと口にし、続けてこう言った。

「あなたがもっていったカルテを、いますぐ、かえしてください」

慌てて電話を切る少年。ただならぬ様子になにごとかと訊ねる母親に、彼は一部始終を説明した後。

「……返してこないと」とカルテを持って家を飛び出したのだという。

その後、少年は病院の前で茫然と立ちつくしているところを発見された。目もうつろで、しゃべっていることも要領を得ない。断片的な言葉を繋ぎ合わせると、どうやら彼は病院の地下室にもぐり、そこでとてつもなく怖ろしいものを見てしまったようだ。

その手にも服のポケットにも、カルテは見当たらなかった。

解説　あなたがもちさったカルテをいますぐかえしてください

この話の展開については、多くの都市伝説と同じく幾つかのパターンがあるが、廃病院の看護師を名乗るものから電話がかかってくる点はほぼ共通している。日本全国、心霊スポット扱いされている廃病院ならば、かなりの割合で同じ話が語られているようだ。

ただし「廃病院のカルテ」は都市伝説にしては珍しく、源流となった元の現場が特定できるかもしれない事例である。それは徳島の「A病院」もしくは愛媛の「K病院」。いずれもかなり早い段階で廃墟化しているが、より年代の古い徳島「A病院」に元祖の軍配が上がりそうだ。「廃病院のカルテ」は徳島県のかなりローカルな怪談だったようで、一九七〇年代末から一九八〇年代初頭の四国で広まったのが発端ではないかと思われる。同時期に他の地域でささやかれた怪談となると、民家の廃墟、幽霊屋敷ならば似た話も散見されるが、病院バージョンはあまりない。「廃病院のカルテ」が全国に広まったのはだいぶ後発で、大きな影響力を持った『**学校の怪談**』（一九九〇～）でも、二〇〇七年刊行の『新・学校の怪談』三巻でようやく登場。都市伝説の解説本でも取り上げられる頻度が低く、マニアの集まる洒落怖スレッドですら二〇一七年時点で実話として投稿されており、現在もなお実話形式で漫画化されている事例が複数確認できる。ネット掲示板の投稿を漁れば一九九〇年代には似たような噂（カルテではなくメスを持ち帰ったりする）を聞いた記憶が語られているが、それもかなり少数だ。

ただし徳島なら、一九八〇年代初頭にA病院で肝試しをしていた、地元放送局のラジオ番組でレポートが放送された、といった掲示板への投稿が見つかる。あくまで未確認情報だが、A病院関係者はこの噂にかなりナーバスで、当時としては厳しい対応で臨んでいたようだ。それが都市伝説の広がりを遅らせた一因になったのかもしれない。

また私は「廃病院のカルテ」のプロトタイプのようなエピソードを取材している。一九八〇年前後、徳島県の暴走族がA病院を訪れたという体験談で、やはりグループのひとりがカルテを盗む。その後、家に謎の電話がかかってくるのも同じだが、それはただの無言電話で、看護師を名乗ったりカルテを返せといった要求はなし。ただそれ以降、激しいノックの音に悩まされるようになって……という話だ。電話要素があってもあまり機能していない点が珍しい。一九八〇年前後という時期からして、まだ「廃病院のカルテ」の話型が完成される前、形成途中のエピソードだったかもしれない。

そして一九八〇年代、「廃病院のカルテ」はA病院またはK病院の話として、四国北部の若者たちの間で語られ続けた。ネット掲示板への投稿、他エリアでの廃病院の話として採用されたことも単発的にあっただろう。しかしこのローカル怪談がきちんと全国に広まったのは一九九〇年代の後半以降ではないかと思われる。

これは怪談・怖い話の都市伝説としてはかなり遅いデビューだった。しかしそのため、発生元や発生時期が不確定ながらも特定できてしまう、珍しい都市伝説でもあるのだ。

六章

異界

タクシー怪談
ターボ婆ちゃん
ホオノキの祟り
小坪トンネル
きさらぎ駅

タクシー怪談

この怪談については、日時も場所も正確にわかっている。一九六九年年十月六日午前一時半頃、京都市は鴨川の東にある京都大学医学部の前で、一台のタクシーが停車した。

下車した三人の酔客は、聖護院の住宅街へと消えていった。京和タクシーのドライバー岸さんは運転席から深夜の東大路を見渡したが、もう人影一つ見当たらない。さすがに仕事納めかと、停車したまま当日の日報を書き進めていたところ。

こつ、こつ、とノックの音が響いた。半開きの助手席の窓の外から、女が覗いている。

「行っていただけますか」四十歳前後で頬がこけ、洗い髪が無造作に乱れていた。

不審に思いつつも女を乗せ、車を発進させた。「深泥池《みぞろがいけ》の横まで」と行き先を告げた後、女はずっと無言のまま。一時停止の交差点にひっかかるたび、岸さんは左右確認のふりをしてバックミラーから女の顔を覗いた。そのうち深泥池脇の公園が見えてきたが、そこでもミラー越しに女の姿を確認している。いったん停車して「お客さん、どこまで行きますねん」と訊ねた。まさかこんな場所で降りるはずないだろう、と思ったからだ。

POINT
・タクシーの乗客が忽然と消える怪談は、日本中で様々に語られた。
・新聞記事になった一九六九年の京都のタクシー怪談が最も有名。
・ただしタクシー限定でも、同様の怪談は大正時代から存在する。

しかし背後からはなんの返答もない。あの、と振り返ったところで、岸さんの体が硬直する。女が消えていたのだ。慌てて後ろに身を乗り出したが、後部座席は明らかに無人である。その代わり、女が座っていたシートには茶色い液体がべっとりとこびりついていた。

「しまった。ふり落とした」そう思った岸さんは車外へ飛び出した。駆け足で来た道を戻り、周囲を見回してみるも、黒々とした深泥池の周りに虫の音が響くのみ。呆然とするうち、道路の先からヘッドライトの灯りが迫ってきた。この時間に通りがかかるのは近隣住民の車しかない。岸さんは慌てて車を停め、警察に通報してもらうよう頼み込んだ。

連絡を受けた上鴨警察署（上賀茂ではなぜか警察署だけ「鴨」と表記する）は四台のパトカーを投入、一時間にわたり周囲を捜索したが、女は発見できなかった。また通過した道路でも同時間帯には無事故だったことも確認された。

「スピードを出していたが、自動ドアだから自分で開けることもできないし、振り落とすこともない。錯覚ではない」

後に岸さんは新聞社からの取材にそう答えている。

奇妙な点はもう一つあった。タクシーが停車した地点から五十メートル離れたところに京大医学部解剖教室のトラックが無人のまま停まっていたのだ。岸さんが女を乗せたのも同じ学部の前だったのは、果たして偶然だったのだろうか。

解説　消えた乗客、濡れる座席

一九六九年十月七日付の「朝日新聞」京都版に掲載されたタクシー怪談の記事だ。あまりにも有名な話なので多くの読者がご存じだろう。ただし、この京都でのエピソードが「乗客が消えて座席が水で濡れるタイプのタクシー怪談の元祖である」との言説がいまだに広まっているが、それは明確な間違いだ。記事原文によれば座席は「茶色ぽい液体でべっとりとぬれていた」という。怪談的に見れば、近くに停車していた解剖教室のトラックと考えあわせて、遺体から染みた体液ともとれるだろう。逆に現実的に見れば、下痢をしてしまった女性客が恥ずかしさで車を飛び降りたのかもしれない。

これ以前の事例として『週刊読売』一九六八年七月二十六日号の記事では、枚方バイパスの洞ヶ峠付近でタクシーが拾った女の乗客が消え、その座席が水で濡れていたとの噂が紹介されている。また**小池壮彦『怪奇探偵の実録事件ファイル2』**（二〇〇〇）によれば「幽霊が座席を濡らすようになるのは、昭和三十年代ごろからだ」という。戦前にも乗客が消えるタクシー怪談はあったが、座席を濡らしてはいなかったのだ。

とはいえ私が見つけた限り、バスなら戦前に似た事例がある。日本統治時代の台湾の日本語新聞『鵬南時報』一九三九年五月二十八日付によれば、台北市営バス枋寮線にて女性乗客が突如として消え、その座席の「クッションは何故か水ビタリになつて濡れて居た」。同日、バスの始発地である船着き場にて日本人女性の「寸分違はぬ姿の溺死体があがったとあるので、その幽霊だと推理しているようだ。

ただ乗客が消えるだけのタクシー怪談となると枚挙にいとまがない。昭和初期までの実話怪談を収集していた**田中貢太郎**の「母親に逢いに来た女」では、青山霊園で拾った女性客が消失する。指示通りに巣鴨中学の前に着いたところで、女性客が家に行って母親を呼んでくれと運転手に依頼。しかし家にいた母親によれば「うちの娘は、一昨日死んだばかりですよ、他に娘はいないのですが」とのこと。もちろん消えた女性客の容姿や服装は、その娘の生前の姿にそっくりだった。

これまた典型的なエピソードである。家に送り届けたはずの女性客が消え、家人に訊ねると死んだばかりの娘（妻）と言われた……という話が、一九六〇年代までのタクシー怪談の主流だった。幽霊の客を拾う場所はまちまちだったが、戦前戦後あたりには青山霊園が本場となっていたようだ。さらに細かく特定すると、青山霊園の南端、現在の墓地下交差点が幽霊客のピックアップ現場だった事例が数多い。当時の青山エリアは閑散としていて薄暗く、さらに青山通りから最も離れている上に一番の低地である墓地下交差点が、幽霊出現にふさわしい場所とみなされたのだろう。

タクシーに限らなければ、このタイプの話は明治期から存在する。例えば一八八三年九月五日付の「大阪朝日新聞」の記事。大阪の人力車が、深夜の安治川沿いで十八歳ほどの娘を拾う。老松町の自宅まで送ったところ、娘が「家の門を開けてほしい」というので指示通りにしてから振り返ると、娘は消えている。家人を起こすと「娘は先々月、栴檀木橋から身投げして安治川で遺体が見つかった」のだという。

明治の人力車時代には定番となっていた怪談が、大正元年から始まったタクシーに流入したと見るべきだろう。古いところでは「二六新報」一九三六年四月十五日付、「アサヒグラフ」一九三一年五月二十五日号など。またギリギリ大正時代である「河北新報」の一九二六年八月二十九日付朝刊もまた仙台での同種のエピソードを紹介しており、これが今のところ資料確認できるタクシー怪談としては最古のものといってよい。

ただし国外で日本人が体験したものなら、もっと古い事例がある。ハワイ諸島マウイ島の日本人移住者向け新聞「馬哇《まうい》新聞」一九一七年十月九日付の記事だ。乗り合い自動車が、畑の寂しい道で一人の女性客を拾ったが忽然と消えてしまったという単純極まりない怪談である。正確には職業タクシーの運転手による車なのかどうかは微妙だが、私の発見した最古の類似怪談として、いちおう紹介させてもらった。

ターボ婆ちゃん

POINT
・超人的速度で走る老婆が、車やバイクをただ追い抜かすとの噂。
・追い抜く老婆は無害だが、よつんばいで追いかける女は攻撃的。
・八〇年代に流行した道路の怪談で、次第に恐怖度が上がっていった。

①夜の六甲山である。若者が乗った車が、くねくねと曲がるドライブウェイを走っていく。ふとバックミラーを見ると、奇妙なものが後をついてくるのが見えた。よつんばいになった老婆だ。思わずアクセルを踏む若者。しかしいくらスピードを上げても老婆は離れない。それどころか凄まじい高速となり、自分を追い抜かしていく。恐怖のあまり前を凝視すると、老婆の背中には「ターボ」と書かれた紙が貼られていた……。

一九九〇年代に関西でささやかれた、「六甲のターボ婆ちゃん」と呼ばれる話だ。当時は日本中で、こうした「走る老婆」の怪談がささやかれていた。全国的には「百キロばばあ」の名称が多いが、愛知の「ジャンピングばばあ」などローカル色も強い。高速の老婆たちはおおよそ無害で、ただ車やバイクを追い抜いていくだけだ。

②三宅島の噂によれば、雨降りの深夜に島北部を車で走っていると、白い着物の老婆がジョギングしている場面に出くわすという。そのコミカルな様子を笑いながら追い越すのだが、直線道路に入り、車が時速八十キロに達したところで異変が起こる。はるか後方を

ゆっくり走っているはずの老婆が、突如として猛烈なダッシュで車を追い抜いていくのだ。慌てて急停止すると老婆も立ち止まり、こちらを振り向きニターと笑って、消えてしまう。雨で濡れた道路にもかかわらず、老婆が立っていた場所だけは乾いているそうだ。

これら一九九〇年代の噂よりもずっと早い一九八〇年にも、走る老婆の怪談が紹介されている。

③東武野田線沿いの道路にて、梅郷村の農夫が耕運機を走らせていた。するといつのまにか着物の老婆がすぐ横を並走してくる。スピードの遅い耕運機なので最初は気にならなかったものの、速度計を確認すれば時速二十キロは出ている。気味悪くなってフルスロットルで走り出したのだが、どれだけ速度を上げても老婆は平気な顔でぴったりついてくる。よく見れば、その足は地面から二十センチばかり浮いていたのだという。

高速で走るものが老婆ではなく、若い女だった時は注意が必要だ。老婆は追い抜いて消えるだけだが、若い女はこちらの命を狙って追いかけてくるからだ。

④一九八七年、某怪談コンテストにて、若い男性が次のような話を語った。

……友達のカンノ君の話です……。

カンノ君はオートバイが大好きでした。ある深夜のこと、カンノ君は埼玉県の正丸峠《しょうまる》を走っていたのです。峠の頂上についたところで、若い女性が一人で立っているのを見つけました。不審に思ったカンノ君は「こんな時間にどうしたの？」と声をかけました。

するとと女はこちらを見つめながら、「麓まで乗せてくれる？」と言ってバイクの後部座席にまたがろうとしてきます。どこか普通でない様子に気付いたカンノ君は、逃げるようにバイクを急発進させました。どんどん峠を下っていきながら、ふとミラーを覗いたカンノ君は悲鳴をあげました。

よつんばいになった女が、猛スピードでこちらを追いかけてきたからです。

カンノ君は慌ててバイクの速度を上げました。それでも女は両方の手足で道路を跳ねながら、どんどん距離を狭めてきます。

必死で逃げるカンノ君。それを追いかけるよつんばいの女。

それでもなんとか正丸峠を走り抜け、麓の広い道路に出ることができました。ふと気付けば、それまで背中に迫ってきた気配も消えています。

振り切ったか……。そう思って振り返ると、女は峠の入り口の地面に手足をつけながら、こちらを睨んでいました。なぜか知りませんが、峠の外には出られないようです。

思わずバイクを止めたカンノ君に向かって、女はこう叫びました。

「覚えていろよっ！」

――僕がこの話を聞かされた三日後、カンノ君はバイク事故で死にました。

解説

猛スピードで追い抜く老婆、よつんばいで追いかける女

これらの怪談はすべて出典元がある。①は池田香代子『「走るお婆さん」の秘密』（「is」一九九四年六月号掲載）、②はとり・みきの漫画『愛のさかあがり』（「平凡パンチ」一九九五年九月二十三日号掲載）、③は江口寿史の漫画『すすめ!!パイレーツ』（「週刊少年ジャンプ」一九八〇年九月二十二日号掲載）である。③だけ突出して早い上、この「走るバーサン」と名付けられたキャラはその後も同作に何度か登場する。もしかしたら『すすめ!!パイレーツ』が走る老婆怪談を広めた原因だったのかもしれない。

ただしこの前年、「週刊プレイボーイ」（一九七九年八月七日号）には立川の高島屋デパート周辺の噂として「手足をシャカシャカシャカシャカとイグアナのように動かして、追っかけてくる」老婆の記事がある。私が発見したかぎりで最古の事例だ。

池田香代子も指摘するように、これら老婆は追いかけてこない。ただ追いこすだけで、危害をくわえないのが特徴だ。とはいえ追い越し型と並走するかたちで、攻撃的な追跡型の怪談も広まっていた。

『埼玉新聞』では一九九一年八月、二回にわたって「正丸峠の妖怪なぞのウワサを追う」と題した特集記事を組んだ。正丸峠で数年にわたり広まっていた「よつんばい」の怪談を追跡したものだ。若い女性が両手足を使った四足歩行にて疾走、走り屋のバ

イクや車を追いかけてくるというもの。たとえこの女を振り切って逃げおおせたとしても、ドライバーは呪いによって三日以内に事故死してしまうというから救いがない。正丸峠には百キロばばあの噂もあるそうだが、こちらは「百キロで走ってきて、追い越す時にニコッと運転手に向かって笑う」だけと対照的だ。記事内では、正丸峠にこの噂が広まったのは一九八〇年代後半であり、ビートたけしのテレビ番組の影響によるもの、という地元民の証言が掲載されている。これはほぼ確実に『天才・たけしの元気が出るテレビ!!』一九八七年五月十七日放送回を指しているはずだ。

④がそれで、目黒不動尊に三千人の一般人を集めて怪談コンテストを開催した際、みごと優勝した男性の話である。現在では映像が残っていないため、私が十年前に視たネット動画の記憶をもとにリライトさせてもらった。当該放送が追いかける若い女＝よつんばい怪談の伝播に大きな影響を与えたことは間違いない。数か月後の『ハロウィン冬の増刊号ほんとにあった怖い話』（一九八八年一月号）でも、舞台を六甲山ハイウェイに移したよつんばい怪談が読者投稿・漫画化されている。その後、全国で語られた話の構造はほぼ同じで、①後部座席に乗せろという依頼を断ると、殺すために追いかけてくる。②なんとか峠の入り口まで逃げ切ると死の呪言を叫ぶ。

①は「**安義橋の鬼**」、②は「**イザナミ**」そっくりではないか。

ちなみに老婆とよつんばいだけではなく、実は**人面犬**も**テケテケ**も、昔は彼女たちと同じように車やバイクを追い越したり追いかけたりしていたのだった。

ホオノキの祟り

POINT

・多数の死者を出したとされる、山梨県に現存する祟りのホオノキ。
・間伐どころか落ち葉に触れてもならず、集落を滅ぼした伝承もある。
・地元民は今も怖れているが、実は枯れた大杉の祟りかもしれない。

山梨県甲州市JR某駅のすぐそば、S神社の境内に生えるホオノキ。それはおそらく日本で最も祟りを怖れられている神木だろう。神社が鉄道と隣接しているため、ホオノキの枝はのびのびと線路上空にはみ出してしまっている。しかしJRも町の住民たちも、樹の伐採はおろか、枝払いも葉をとることすらもできない。なぜならこの樹の祟りが、百年のうちに数十人もの死者を出したとされているからだ。

私が件のホオノキについて知ったのは、斎藤氏という人物が記した小冊子によってだった。彼は樹木にまつわる祟りや霊験に詳しく、また出身地がこの近辺だったことから、ホオノキにまつわる歴史についての詳細な聞き取り調査を行なっていた。「あのホオノキの祟りの記録は、神社脇に鉄道を敷いたところから始まっています」と斎藤氏は取材に応えた。

明治三十六年、中央本線が延びてS神社およびホオノキのすぐ脇を通ることとなった。その際、国鉄はわざわざホオノキあたりでカーブして線路を敷設している。つまり当時すでに怖ろしい神木と目されていたはずだ。大惨事が起こったのはその二年後の五月。

この地域には柏が生えないため、端午の節句の柏餅はホオの葉で巻くのが慣わしだ。そしてこの年に限り、Kという集落が例のホオノキの葉を拾って餅をこしらえた。もちろん神木と知っていたが、まさか落ちた葉っぱに障りが起こるとは誰も思わなかったのだろう。

しかし餅を食べた直後、K集落の村人は次々と急病に倒れて死んでいった。一、二年後には十二戸ある集落のうち残ったのはわずか数軒。しかしそれらの家も、大洪水に見舞われて流出。集落は完全に壊滅し、数名の生き残りだけが別の地へと移転したのだった。

もちろんこれを祟りと考えるかどうかは各自の判断による。大量の病死について地元役場の職員は「今で言うコレラでしょう」と答えている。私の調査では当時の山梨県下で赤痢が流行していたので、病死はそのせいだろう。また洪水とは、山梨一帯を襲った明治四十年の大水害で間違いないはずだ。これらはK集落のみに起こった現象ではないため、県内全体の災厄とホオの葉をとった時期が、たまたま重なっただけと捉えることもできる。

とはいえ、周辺地元民が祟りではないかと恐怖したのは確かな事実だ。その証拠にこの後、大正時代の駅拡張、昭和初期の電化時などに伴い、たびたびホオノキ伐採案が提出されるも、工事を引き受ける人間が一人も出ず、のきなみ撤回されてしまっている。

しかしついに昭和二十八年、架線にかかって危険なホオノキの枝払いをすることとなった。なにも根元から伐採するのではなく、ただ伸びた枝を整理しようとしただけだ。それでも地元民たちは、丁寧な慰霊祭を催してから作業に臨もうとした。

ただしS神社は宮司のいない無人社なので、近所で石材店を営むS氏が神官の代わりを務めた。注連縄を張りお神酒を捧げた後、地元の電力区員六名で枝払いを行なったのである。長年にわたりのびた枝が神社の屋根に食い込み、ノコギリで切るのもたいへん苦労したという。

この後、作業にあたった人々が連続して不幸にあってしまう。まず一か月後、電力区員のM氏が電車にはねられ、即死する。祭りの夜、酒に酔った彼がトンネル内の線路を歩いていたところ、背後から列車に激突されたのだ。この事故については、私も当時の地元新聞記事を探し当て、確認している。M氏が亡くなったトンネルも特定できた。そこは現在、心霊スポット扱いされている場所なのだが、この事故との関連性はあるのだろうか。

死の連鎖は続く。今度は同僚F氏が不動祭りの夜、甲府駅近くの線路を歩いていたところ、背後から列車にはねられて死亡。まさにM氏と同じような状況で、両氏とも事故にあった時刻まで同じだったという。また別の電力区員のうち、A氏は突然の病死。N氏は静岡転勤後の夜間作業中、これも列車にはねられ轢死。作業メンバー中で生存したのは二名だけだが、いずれも同時期に瀕死の重症を負う大事故に遭遇。そのうちの一人は息子までもが交通事故を起こしており（生死は不明）、強度のノイローゼで休職を余儀なくされたという。さらに神官としてお祓いを執り行ったS氏もまた、彼らの死亡事故と時を同じくして命を落としていた。地元のマス養魚池にて、溺死体となっているところを発見されたのだ。なぜ池に落ちたのかはいまだ謎のままである。斎藤氏の冊子では、これらの人物全員がフルネームで具体的に記されており、ただの噂の類でないことは明らかだ。

そして昭和四十三年五月十五日、またもホオノキへの畏怖が甦る。S神社から線路をまたいで向かい側にあるY中学校。その生徒たちが大事故にあったのだ。彼らを乗せて京都に向かっていた修学旅行バスがバイパスに出たところで脇見運転の大型トラックに衝突される。バスは右正面を大きくえぐられ、死者六人、重軽傷者二十一人の大惨事となった。

当時の新聞記事を漁ってみたところ、不可解な点が目に付いた。事故当時、トラックを運転していたのは正規の運転手ではなかったのだ。ドライバー社員は事前に二週間の休暇をとっていたにもかかわらず、なぜか一時間だけ運転した後、積み下ろし要員である未成年の助手に運転を交代している。その少年は無免許で運転経験もなかったため、交代後わずか数分で事故を起こしてしまった。軽い気持ちでハンドルを任せたのだろうが、あまりにも不条理ないきさつではないか。

斎藤氏によれば「事故の三日前にもホオノキがいじられていた」との証言を地元民から得ている。ホオノキの線路上の枝、もしくは地中にせり出した根を危険と判断し、国鉄関係者が伐採したのが五月十二日だったというのだ。

　実際に現地を訪れると、中央本線をまたぐ鉄橋からＳ神社とホオノキが見える。空中に伸びたホオノキと線路の間は、頑丈そうな鉄骨の屋根で仕切られていた。枝払いすらできないため、問題の箇所だけに屋根を建てたのだ。地元の噂によれば、建築に際してＪＲは二億円もの出費を強いられたのだとか。また地元民たちに話を聞いてみると。

「子どもの頃からホオノキに近づくなと教えられた」「あの木のせいでけっこう人が死んだらしい」「今でも月に一度、八王子駅からＪＲ職員が来てお神酒をお供えしていくそうだ」

　ある夫婦に、子どもたちがイタズラする場合もあるのではないかと質問すると、笑顔と驚きが入り交じった表情で「ないない、ないですよ」と二人揃って手を振りながら答えた。

「絶対ありえません。みんな小さい頃から、とにかく近づくなと教えられていますから」

　また数年後に再訪してみたところ、ホオノキに空いた洞に赤いヒトガタが入れられているのを発見した。樹皮に触れないよう気をつけて取り出すと、そこには女性の名前が書かれ、陰部にあたる部分に丸ピンが刺してある。珍しい名前だったのでＳＮＳを検索すると、つい最近行なわれた結婚式の画像アルバムが公開されていた。新婦もしくは新郎の別の恋敵が、丑の刻参りとしてホオノキを利用したのだろう。

　実際に祟りが顕現しているかはともかく、そのホオノキは今でも強烈に怖れられている。

解説

葉に触れることすら拒む、日本最恐の祟る木

そのホオノキは高さも胴回りも大木というほどではなく、とても数十人を殺した祟りの木には見えない。神社入り口の案内板に記された文章は次のとおり。
「本殿の裏にある神木の朴の木は、二千数百年を経たといわれており、幹は幾度か枯れては根本から発芽し、現在に至っている。この朴木は、日本武尊がこの地に憩った折、杖にしたものが発芽したものと伝承されている。古来からこのご神木を疎かにすると、不祥の事件が起きると信じられているので、神意に逆らわないようにしている」

つまり古くからあったホオノキの前にS神社を建てたことになる。当時はまさか裏手を鉄道が走るとは想像しなかったろうが、結果的にホオノキは神社と線路に挟まれた日陰に追いやられるかたちとなった。それが祟りのイメージに繋がっているのかもしれない（後述する「**異界駅**」も鉄道絡みであることに注意したい）。

ただし『甲斐国社記・寺記』（一九六七）を参照すると「邦家を護らんとて樸（朴）の枝を逆に地に指入置賜うに枝葉栄えて今に存す」と記されており、神社の由来とは異なっている。さらに続けて、同境内にあった杉の大木に触れて「神木と号し杉の木八抱計りにして同所日向宮と称す」とある。となると神木とみられていたのは、むしろ大杉のほうだったのだ。

ではその大杉がどうなっているかといえば、現在は枯れており、ただ切株を残すのみである。これも神社の案内板によると樹齢三百七十一年、樹幹の根周囲十一・五メートル、樹高三十一・八メートルという巨大さだったようだ。しかし「明治三十六年に鉄道が開通しその振動と蒸気機関車によるばい煙のためか樹勢が衰え枯れかけ」、なんとか保護しようとしたが「ついに枯死し二千四百円で払い下げて伐られたのである」という。

つまり神木とされた大杉も鉄道開通の被害にあい、果ては枯れてしまったのだから、こちらのほうがホオノキよりよほど祟りに繋がりそうだ。それでも怪談として囁かれるのは、いつもホオノキばかりである。ヤマトタケルの杖が発芽したとか、逆さに植えた枝から樹木が伸びたといったエピソードもなにやら神秘めいている。樹勢としてははるかに立派だった大杉だが、枯死して切株だけとなってしまえば、もはや神木としてのパワーを失ったと捉えられているのだろうか。

とにかく、このホオノキにまつわる実話怪談は数多い。私も複数の体験者から取材し、各所で発表しているので、機会があればご覧いただきたい。

日本各地に伐採してはいけない木、動かしてはいけない岩というのは数多くあるが、ここまで怖れられている事例は、他に見当たらないのではないだろうか。

小坪トンネル

POINT
・車上に落ちるもの、窓の手形、錯乱する同乗者という怪談の典型。
・キャシー中島の小坪での体験が全国のトンネル怪談の元となった。
・若者への車・バイクの普及が、トンネル怪談流行の背景でもある。

若者数人のグループが、地元の心霊トンネルへと肝試しのドライブに出向く。トンネルの真ん中あたりで停車し、歩いて内部を探検するが特に異常はない。

「クラクションを三回鳴らすと幽霊が出るって噂があるぞ」

それを実行した次の瞬間、トンネルの天井からなにかが落下し、ボンネットに音をたててぶつかる。それは血まみれの女だった。

パニックになって車に乗り込み、トンネルから逃げ出す若者たち。なんとかガソリンスタンドに到着して一息ついたところで、車窓にびっしり手形の跡がついていることに気付く。さらに見渡せば、メンバーの一人がいなくなっているではないか。慌てて現場に戻ると、置き去りにされた当人がトンネル手前に立ち尽くしている。しかし話しかけてもなんの反応もない。どうやら神経に異常をきたしてしまったようだ。彼がなにを見てしまったのか不明だが、その友人はいまだ精神科病院に入っている……。

——日本全国にある心霊トンネルでささやかれる怪談の典型を書き出してみると、以上のような感じになるだろうか。しかしこの類の怪談には、はっきりとした原型が存在する。タレントのキャシー中島が体験した、一九七五年の夏の出来事だ。

その夜、キャシー中島はタレント仲間四人と肝試しをするはずだった。最初は鎌倉の小町にある幽霊屋敷を探索しようとしたのだが、到着すると屋敷の周囲が厳重に封鎖されていた。そこで若手ラジオDJのKが「お化けトンネルへ行こう」と提案してきたのだ。

「材木座小坪を通って逗子の背面に出るトンネルだ。二つあるうちの新しいほうだってさ」

Kが運転し、助手席には新人歌手のケンちゃん、後部座席にキャシー中島ら三人が乗るかたちとなった。まもなくトンネルに着いた五人は、内部に入るなり、宙に浮かぶ青白い光と出くわしてしまう。フロントガラスにぶつかった光は一瞬、人の手のひらの形になり、指紋だけを残して消えていった。突然の怪現象に、車内はパニックを起こした。急いでトンネルを抜けようとアクセルを踏んだ、その瞬間である。

ドン！　重い音が響き、車の天井がきしんだ。まるで巨大な岩石が落ちたような、体が痺れるほどの轟音だった。なんとかトンネルを抜けると、外は大雨が降っていた。少し走るとガソリンスタンドが見えたので、道端に車を停める。

この時点ではまだ「熱いお茶でも飲んで一休みしたら、さっきの現象がなんだったか確かめに行こう」などと相談するほどの余裕があった。しかしスタンド内のベンチに座ったところで、仲間の一人の姿が見あたらないことに気付く。

「ケンちゃん、どこ？」「雨で地面がぬかるんでたから、途中で転んだんじゃないか」

不審に思った四人が車に戻ってみると、彼は助手席に座ったままだった。なぜか顔を真上に向けて、体をつっぱらせている。どうしたのかと車に近づき、ドアを開けて覗き込む。

そこには歯をむき出した笑顔で、体全体をこわばらせたケンちゃんの姿があった。

「ケンちゃん！　ケンちゃん！」

どんなに体をゆすっても耳元で怒鳴りつけても反応がない。すぐに磯子の実家へと送り届けたところ、ケンちゃんはそのまま近隣の脳神経科病院へと入院させられてしまった。

その十日後、キャシー中島はとある雑誌の座談会に呼ばれた。その場にいたメンバーたちに語ったのが、右の体験談だったのである。

「ここに来る前、わたし、ケンちゃんのお見舞いに行ったんです」

仰向けでベッドに寝ている彼の顔はまだ、歯をむき出した笑顔のまま凍りついていたという。あの時、助手席に座っていた彼は、他のメンバーが見ていないなにかを間近に見てしまったのだろうか。

しかし一体どんなものを見れば、人間はこのような顔になるのだろうか。

解説　若者は心霊トンネルを目指す

このキャシー中島のエピソードについては、座談会に同席していた平野威馬雄の『日本怪奇名所案内』（一九七六）を参照した。その後も中島がテレビなどで語ったため、同話が日本中に流布。トンネル怪談の典型として定着した。

ガラスにつく手のひらの跡、天井に落ちる大きな物体、逃げ遅れた友人が精神に異常をきたしてしまう……日本中で語られたトンネル・車関係の怪談において、これらの要素がどれだけ頻出していることか。これが定番となったもう一つの要因は、小坪トンネルが日本の心霊トンネルの元祖的存在でもあったからだろう。一九五三年の川端康成『無言』の時から、既に小坪トンネルは心霊スポット扱いされていたのだ。

ただしこの頃はまだ当地のトンネルは二本しか存在しなかったことにも注意しておこう。一八八三年竣工当時は鎌倉と逗子を繋ぐ「名越隧道」「小坪隧道」だけだったが、上り下り両方面が増築されて三本×二車線＝六本のトンネルが揃うのは一九七二年のこと。中島らが怪体験したトンネルが六本のうちどこかは定かではない。

ともかく文中の記述からして、彼らはまず「高砂海濱住宅地」の廃墟を目指したと思われる。かつては名士たちの屋敷が並んでいたところで、有名な心霊廃墟が二十世紀末まで残っていたようだ。

ただし一九七五年時点で、この廃屋は厳重に封鎖されてしまっていた。現在と同じように、心霊スポット突撃を試みる若者たちの多さに辟易したための対応だろう。中島たちはそこで肝試しを諦めず、小坪トンネルに向かっている。この時代にはもう、車による心霊スポット探訪は若者の定番のレジャーとなっていたようだ。古びた駅前の「お化け屋敷」探索を諦め、車にて「お化けトンネル」に向かったという……私にはこの行動が実に象徴的に思える。

もちろん若者による肝試しはいつの時代も、それこそ江戸時代にだって行なわれていた。しかしその現場の多くは、街中から歩いていけるお化け屋敷のような廃屋だったはずだ。なにしろ夜中で交通手段がなく、若者たちがこそこそ隠れてする行動なのだから、遠くに行けるはずがない。

しかし一九七〇年代は、モータリゼーションが若者たちにまで普及していった時代でもあった。もはや彼らは街中の廃墟だけでなく、車やバイクで郊外へ向かうことができるようになったのだ。夜遊びの暇をもてあました若者たちは次々と、山の暗い峠道を走り抜け、新トンネルが開通したため使われなくなった旧隧道を目指した。

このようにして、峠の怪談やトンネル怪談が量産されていったのである。

きさらぎ駅

POINT

・電車で見知らぬ駅に到着した投稿者が、異界の様子を実況する。
・二〇〇四年にネット掲示板に投稿された、「異界駅」怪談の元祖。
・二〇一一年以降、似たような異界駅の報告が相次ぐようになる。

「気のせいかも知れませんがよろしいですか？」

二〇〇四年一月、2ちゃんねるオカルト板のスレッドに、そんな文章が投稿された。

「先程から某私鉄に乗車しているのですが、様子がおかしいのです」

いつも通勤に使っている電車が、なぜかずっと駅に停まらず走り続けているというのだ。

不安になった投稿者が、リアルタイムで携帯電話から2ちゃんねるへ書き込んでいるらしい。興味を示したスレッド住民たちは固定ハンドルネームとトリップを付けるように依頼。相談者は「はすみ◆KkRQjKFCDs」として、奇妙なやり取りを続けることとなる。

はすみの乗った電車はこれまで通った覚えのないトンネルを過ぎ、速度を緩めた。そして聞いたことも見たこともない「きさらぎ駅」なる無人駅に停車する。ホームに降り、掲示板にどうしようかと相談するうち、先程の電車は走り去っていった。周囲には誰もおらず、時刻表もなければ電車が来る気配もない。

その後、はすみはスレッドの住民と相談しながら四時間にわたって実況を続けていった。

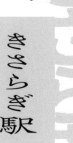

だが誰も「きさらぎ」なる駅を知らず、状況は好転しない。駅の外に出てみるも、周囲には草原と山があるばかり。公衆電話もタクシーも見当たらず、一一〇番通報は繋がったものの、いたずら電話と思われてしまう。仕方なく線路の上を歩いていると、遠くで祭《まつり》囃子《ばやし》のような太鼓と鈴の音が響き、片足の老人がこちらに向かって「おーい」と叫び声をあげてきた。恐怖にかられたはすみは振り返ることもできず先へ先へと進んでいく。

そうこうするうち「伊佐貫」と書かれたトンネルにたどり着く。意を決して中を通り抜けていくと、向こう側には見知らぬ中年が乗る乗用車が停まっていた。ようやく普通の人に会えた喜びから、その車に乗せてもらう。しかし運転手の様子は次第におかしくなり、なぜか車は山へと向かっていく。スレッドの住民たちは早く降りろと忠告するのだが。

――そこで、はすみの投稿はプッツリと途切れてしまう。

はすみを心配する声もありつつ、そのスレッドは終了。以後もこの体験談について大きく話題になることはなく、次第に皆の記憶から忘れ去られていった。

しかし七年後の二〇一一年三月、やはり2ちゃんねるオカルト板のスレッドにて、きさらぎ駅を通り過ぎたという体験談が投稿された。ただ今回はリアルタイムの報告ではなく、二〇〇五年暮れの出来事なのだという。その時、地元の電車に乗っていた投稿者がふと気付くと、周りの乗客が全員眠りこけ、窓の外には見知らぬ風景が広がっていた。この不自然な状況に首をひねっているうち、電車は駅に到着。「ホームが二つあって、その奥に古い日本建築の駅舎が見えてて、ホームの柱にひらがなで『きさらぎ』と書いたプレートがありました」。また前後の駅を示す立て札には、「やみ駅」「かたす駅」と記されていたそうだ。

不安に思った投稿者は、駅に降りることなくそのまま電車に留まる。結局、きさらぎ駅を出た電車はかたす駅に停まることなく現実世界へと帰還した。

そして七年後、きさらぎ駅にまつわるログをインターネットで見つけて驚いたのだという。こちらの場合はトンネルを抜けておらず、ホームや駅舎に人がいて、周りには住宅もあった。はすみが乗っていたのは静岡県、新浜松駅を出る遠州鉄道だが、今回は福岡県の久留米へ向かうＪＲだ。「それでも駅の名前は『きさらぎ』だったのをはっきり覚えています」と投稿者は言う。「オカルト的な意味のある駅名なんでしょうか？　この世とあの世の接点とか？　その駅で降りていたらどうなっていたかと思うと、とても恐ろしいです」

これを皮切りに、似たような怪談が幾つも報告されていくようになる。きさらぎ駅だけでなく、数多くの存在しない駅に迷い込んだという体験だ。いつしかそれらの駅は、まとめてこう呼ばれるようになった。

異界駅、と。

解説

異世界への旅は鉄道がよく似合う

きさらぎ駅の怪談には二つの特徴がある。一つはもちろん異世界に迷い込んでしまうという怪談ジャンルの代表格だということ。異世界の怪談は特に「異界駅」と呼ばれるような鉄道・駅をモチーフとしたものが数多い。鉄道は日本人にとって最もメジャーな交通手段であり、そのポイントである駅はあちら側とこちら側を繋ぐ境界だからだろう。それは言い換えればあちら側でもこちら側でもない場所であり、「**安義橋の鬼**」「**運ばされた箱**」などの橋と同じく、怪談の生まれやすい空間なのだ。

もう一つの特徴は、リアルタイム性だ。ネット環境の発展により、携帯電話から掲示板へ書き込める「実況」が可能にならなければ、きさらぎ駅という怪談は生まれなかった。存在しない異界からライブ中継でレポートすることにこそ新味があったのだ。

ただ現在の知名度からすると意外なことに、きさらぎ駅は当時それほど広まらず、異界駅怪談も二〇一一年までは流行していなかった。二〇一〇年までにも「つきのみや駅」「ごしょう駅」「読めない駅」があるが、「つきのみや駅」は東海道線の夜行列車にて深夜、見たこともない大都会の大きな駅に着いた記憶があるといった思い出。「ごしょう駅」はいつもの駅で奇妙な列車に遭遇しただけで、正確には異界のごしょう駅を訪れていない。「読めない駅」は鉄道がキッカケになってはいるがパラレルワールドものといった性格が強い。先述した「**やみ駅**」から始まる異界駅怪談とは趣が異なる。

二〇一一年「やみ駅」の功績は、七年前のきさらぎ駅をリバイバルさせた点だ。きさらぎ駅を中心に様々な見知らぬ駅が存在する、日常とはまた別の世界があるのではないか……。そんなロマンが原動力となり、2ちゃんねるオカルト板を中心に異界駅怪談の数々が報告された。朝里樹『**日本現代怪異事典**』（二〇一八）を参考に二〇一一～一六年までの事例を時系列順に並べてみれば、その盛り上がりが把握できるだろう。「高久奈駅・敷草谷駅」「はいじま駅」「かたす駅」「とこわ駅」「かむ…駅」「狗歯馬駅・厄身駅・なんでおりるれか駅」「すたか駅」「ひつか駅」「お狐さんの駅」「ひるが駅」「鬢娜謌爬…駅」「齋驛來藤駅」「新長崎駅」「あまがたき駅」「べっぴ駅」「谷木尾上駅」「霧島駅」「浅川駅」「藤迫駅」「G駅」「すざく駅」「新麻布駅」（他にも「鬼駅」の「鬼」を「きさらぎ」と読むとして報告される事例も散見される）。

これと同時期、Twitter（当時）でも一年に一度の割合で、きさらぎ駅に迷い込んだとのツイートがアップされていた。2ちゃんねるなどに書かれる場合は昔の思い出を語る「過去完了形」なのに対し、Twitterでのそれは今まさに駅に迷い込んでいる「現在進行形」の記述だ。もちろんこれは掲示板かSNSかというプラットフォームの特性に合わせた結果なのだが、新メディアである後者のほうこそが元祖きさらぎ駅へと先祖返りしているのは面白い。逆に言えば、きさらぎ駅のリアルタイム性が理解されるには、Twitterが普及しだす二〇一一年以降まで待たねばならなかったのだろう。

七章

実話

生き人形

POINT

・無数の怪現象や数名の死者も出た、少女人形にまつわる実体験談。
・数十年経た現在も進行中で、稲川淳二のライフワークとも言える。
・人形は焼失したが、稲川自身にまつわる重大な因縁もあるという。

現代怪談の第一人者、稲川淳二《いながわじゅんじ》の「生き人形」は、数十年にわたり数多くの怪異が巻き起こる複雑で壮大な話だ。まずは年代記風に出来事をまとめてみよう。

●一九七〇年代前半（詳細不明）。稲川は友人とともに鹿児島の指宿《いぶすき》温泉に旅行していた。その記念写真に、稲川に寄りそう人形のような少女の顔が写ったのだ。後日、盛岡の旅館でも、布団の足元に座る女と遭遇。やはり人形のような白い顔をした少女だった。ただ当時の稲川はまだ、それが指宿の写真に写っていたものと同じ存在だとは気付かなかった。

●一九七六年夏。ラジオ番組『オールナイトニッポン』のディレクターと稲川が、タクシーにて深夜の中央高速道路を走っている最中、道端に立つ着物の少女を目撃。少女は人形のようなぎこちない動きでこちらに向いたかと思うと、その頭だけが闇夜に浮かぶ。少女の頭はそのままフロントガラスを通過し、タクシー車内を通り抜けていったのだ。

●一九七八年五〜六月。人形劇作家・前野博《まえのひろし》から稲川に出演依頼が入る。人形を用いた前衛演劇シリーズ『呪夢千年』（一九七五年）『呪夢千年 恋情哀狂編』（一九七六年六月）に続く三作目『真説・呪夢千年』に稲川を起用したいという。打ち合わせで人形のスケッチを目にした稲川は驚いて言葉を失った。その少女人形の顔は、ここ数年つきまとわれていた謎の少女と瓜二つだったからだ。スタッフにはそれを隠し、稽古を重ねる稲川。だが前野が「この人形、なぜか右手と右足が曲がっちゃうんだ」とこぼしたのを皮切りに、数々の災厄に見舞われる。修理のため当の人形を作った作家に連絡を取るも音信不通。脚本担当・佐江衆一《さえしゅういち》の家が火事を起こし台本が焼失。前野の父親が急病を患い、さらその看病をしていた従兄弟が急死。こうして公演が延期していくなか、役者とスタッフたちが次々と「右手と右足」を負傷する。劇団員たちは少女人形の呪いを怖れ、公演中ずっと劇場前に卒塔婆をたてて人形を供養していた。他にも多くの異変が発生し、ついには人形の右手右足が砕ける。それでも前野の望みにより公演延長が決定したが、まさにその当日、前野の父が急死してしまう。

●一九七八年後半。こうした話を聞きつけた週刊誌「ヤングレディ」、TBS系列のワイドショー『3時にあいましょう』が稲川にオファー。少女人形にまつわる怪談が世間に向けて語られる。『3時にあいましょう』では人形の顔が少女から大人の風貌に変わったことが言及されたり、誰も触っていないカーテンが落ちるといった現象が起こる。

●一九八一年。ABC朝日放送『プラスα』に出演した稲川と前野が、人形にまつわるエピソードを披露。その生放送中、ゲスト出演するはずだった霊能者は来ず、スタジオ内では巨大な異音が鳴り響き、天井からは照明が落ちて宙吊りになるといったトラブルが続出。視聴者からは人形のそばに謎の男の子が映っていたとの電話が相次ぐなど、いまだに語り継がれる放送回となる。放送後には人形の顔が一時的に豹変。顔半分が腫れあがり、口が耳まで裂けた化け物じみた様相になった。また前野がいきなり音信不通となったり、自宅玄関に奇妙な目玉のポスターを貼りつけたりするようになる。その様子を心配した稲川が家を訪ねると、すっかりやせ細った前野が、次のような言葉を告げたのである。

「大丈夫。家を出る時、三角の紙を置いてきた。それが四角くなったら丸く収まるからね」

その後、入院した前野は元通りに回復し、仕事にも復帰。

●一九八六〜一九八七年。「ハロウィン」一九八六年四月〜六月号にて、一連のエピソードが永《なが》久《く》保《ぼ》貴一《たかかず》による漫画『生き人形』として掲載。翌年にはカセットテープ『稲川淳二の秋の夜長のこわ〜いお話』にて「あやつり人形の怪」のタイトルで語られる。

●一九八八年。前野博が死去。寝タバコにより自宅アパートで火事を起こし、焼死したのだった。以降の数年間、稲川は少女人形にまつわる怪談をオフィシャルでは語らなくなる。

だが「生き人形」は終わっていない。一九九〇年代より稲川は再びこの話を折に触れて発表するようになる。現在に至るまで、「生き人形」の怪談が語られ続けているのだ。

解説　いまだ語られざる「生き人形」の秘密

「生き人形」は稲川淳二の怪談を代表する、いや日本の現代怪談を代表する話だといってよいだろう。それは起承転結でまとまった一本の作品というより、長年にわたり様々な事象が展開していく一大叙事詩である。もしくは百二十五センチの少女人形を軸として多くの因縁が絡みあっていく様を、**三遊亭圓朝**の怪談に喩えた方が適切だろうか。

「生き人形」にまつわる数多くの怪異は、前項の概略だけでとても追いきれるものではない。その他の怪現象、怪我や病気または死亡した関係者などのエピソードは半分も紹介できていない。稲川氏自身の語りによって時系列が最も整理されているのは、一九九九年八月十三日、東京厚生年金会館でのライブだ。参加者の証言によれば、同ライブで「生き人形」が披露されることは観客にも事前告知されておらず、開演後に突如として封印されていた同話が一時間半近くにわたり語られたのだという。まさに伝説の一夜といって過言ではないが、その模様は幸いにも**『生き人形　稲川淳二《最・恐・傑・作》』**（二〇〇〇）として発売されているので、是非とも視聴してもらいたい。

ただそこで語られたのはあくまで「生き人形」怪談の核心部分であり、全てが網羅されているわけではない。例えば「ヤングレディ」（一九七八年七月二十五日・八月八日号）の記事は、おそらくマスコミに出た最初期の「生き人形」エピソードだ。現在ではカットされる指宿や盛岡での前日譚が載っているため、本書にて紹介させてもらった。また作家・小池壮彦《こいけたけひこ》氏の調査や、永久保貴一氏による漫画化作品では別視点からこの怪談に迫っている。そしてなにより稲川氏自身の「生き人形」怪談が、まだ現在進行形で続いており、いつ完結するか誰にも把握できていないのだ。

　謎はまだまだ残されている。例の少女人形は前野邸の火事によって消失してしまったが、レプリカはどこかにあるはずだ。彼女と対になる少年人形とともに、それが我々の目に触れる時は来るのだろうか？　またこれまで発表された「生き人形」の霊的な由来としては、戦時中に亡くなった少女霊がとり憑いているとされてきた。稲川氏が相談した霊能者・久慈霊運《くじれいうん》氏によれば、あの人形には数多くの霊が憑いている。そのなかで最も強いのは七歳の少女の霊。赤い着物で花柳流の日本舞踊を踊っており、空襲によって右手右足が吹き飛ばされて死んだ娘である……という由来だ。

　しかし稲川氏によれば、また別の大元となる因縁があるそうだ。それは幽霊うんぬんというよりも稲川氏自身の「身にふりかかる因縁」で、それを数年前に知った時は「怖くなって三日間くらい震えて」いたらしい。具体的にどういうことかについてはまだ発表できないが、自らがあの世へ旅立つ前のタイミングで語るつもりなのだという（YouTubeチャンネル『稲川淳二メモリアル「遺言」』二〇二一年十月八日配信回）。

「生き人形」の全貌が明らかになる時。それは同時に稲川怪談の全貌が明らかになる瞬間でもあり、現代怪談における重要な転換点ともなるはずだ。

隙間の女

POINT
・家具のわずかな隙間に潜む平面の女が、こちらに振り向いてくる。
・映像化できない二次元と三次元との錯綜は、語りでこそ描写可能。
・桜金造「1ミリの女」を筆頭に、九〇年代後半から報告される怪異。

桜金造《さくらきんぞう》の代表作「1ミリの女」はひたすらに不気味な話だ。

ある日、金造氏が友人から相談をもちかけられた。その友人の同僚にあたる男性が、ずっと会社を無断欠勤しているのだという。心配して電話をかけても、同僚は「……女がさびしがるから、どこにも行けない」という意味不明の答えしか返さない。彼に恋人がいるなど聞いたこともないし、とにかく様子がおかしいので自宅を訪ねたほうがよさそうだ。

そこで共通の知人である金造氏にも同行してほしい、との依頼だったのだ。

なんの変哲もないアパートの二階、一番奥から一つ手前の部屋。中に入ると、夜なのに豆球しかつけずカーテンも閉め切った暗い六畳間に、その同僚がうずくまっていた。

「ずっと閉じこもってたら健康に悪いよ。ほら金造くんも来たから、外に飲みに行こう」

友人がそう言うと、同僚は奇妙なことを呟く。

「女がよう……女がさびしがるから、どこにも行けないんだよ……」

しかし狭い部屋を見渡してみても、女の姿などどこにもない。

「女なんていないだろ」「いるじゃないか」「いないだろう！」「いるだろ……ほら」

押し問答の末、同僚は金造氏たちが立っていた茶箪笥《ちゃだんす》のほうを指さしてきた。

「そこにいるじゃないか」

なんのことかと見てみると、箪笥の背と壁の間に、ほんのわずかな隙間が空いている。

その隙間に、ソレがいたのだ。

長い髪で赤いワンピースを着た、若い女。最初はポスターが貼ってあるのかと思った。

だがそこで、女がゆっくり、顔をこちらに向けてきたのだ。

なぜわずかな隙間にいる女の姿が見えたのか、角度や光の当たり方はどうなっていたのか……どうにも説明できないのだが、とにかくひらべったい女が首だけを振り向けてきたのが「見えた」としか言いようがない……。後になって、金造氏はそう述べている。

金造氏と友人は一目散に逃げてしまったので、その後、家主の男がどうなったのかについては知らないそうだ。ただ後日聞いた情報では、同僚の部屋の一つ先、つまり最奥にある部屋ではかつて殺人事件が起こっていて、そのため誰にも貸せない空き室になっているのだという。

それが「1ミリの女」と関係しているのかどうかは、誰にもわからないのだが。

解説 なぜか見えてしまう隙間の怪

桜金造の怪談は、稲川怪談とはまた別の可能性を示す。無骨で淡々とした語り口の奥底に、狂気と暴力性が光る。稲川怪談の「語り」の話芸とは異なる、「しゃべり」の怖ろしさ。そんな金造怪談の代表作が「**1ミリの女**」だ。

男が魅入られていく様子も不気味だが、なにより1ミリの女が振り向くシーンは絶対に映像化不可能だ。厚みのない平面なのだから正面からしか視覚的に確認できないはず。それを隙間から覗いて「平面のものが振り向く」二次元と三次元が交錯する映像など、脳内イメージですら再現できない。だが我々は確かに1ミリの女が見えてしまう。さらに言えば、文章による描写でも不十分なのだ。その女を見たという本人が、自分はこう見えたのだとしゃべることで初めて、不可能な情景がまざまざと顕現する。まさに怪談でしか為しえない、認識を揺さぶるインパクトを与えてくれるのだ。

こうした「**隙間の女**」と呼ばれる話は、金造怪談だけではない。一九九六年半ば刊行の『夢で田中にふりむくな』（渡辺節子・他）は隙間「男」バージョンも含めた同種の怪談群を紹介。さらに本格的に広まったのは不思議な世界を考える会『怪異百物語：現代の妖怪』（二〇〇三）、松山ひろし『壁女』（二〇〇四）など二〇〇〇年代に入ってからだろう。誰もいない部屋で視線を感じて、探してみたら隙間女がいた……という「1ミリの女」

の同僚の役割が体験者自身へと変更されたバージョンもある。また江戸時代の雑談集『耳嚢《みみぶくろ》』「房斎新宅怪談の事」では戸袋の隙間から出てくる女の目撃譚が紹介されている。しかしこれには最も肝心な隙間を覗くシーンが存在しないので、1ミリの女や隙間女と似た系統に数えられはしても、その直接のルーツとするわけにはいかない。

ただし桜金造の「1ミリの女」発表もそうとう早い。彼が『笑っていいとも！』（フジテレビ）でこの話を披露したことが、全国的に知られるキッカケになったはずだ（「テレフォンショッキング」コーナーだったと思うが、私の拙い記憶なので保証できない）。

現在その初披露映像は視聴できないが、好評を博したためか同番組で再度「1ミリの女」を語る場が設けられた。二度目の出演についてはインターネットに動画が出回っており、一九九二年四月の放送回として紹介されている。ネット動画の情報を鵜呑みにはできないものの、この日付はおそらく間違っていない。同席しているレギュラー陣の面子を見ると、片岡鶴太郎、ルー大柴、そのまんま東がおり、この座組みが成り立つのは一九九一～九二年九月までの間だけ（おそらく水曜日）だからだ。

桜金造「1ミリの女」発表は、世間に噂が広がるより数年前だった。隙間女や壁女といった都市伝説が拡散したのは、おそらくこの怪談の影響によってである。

しかし私個人としては、そうした類話よりも桜金造「1ミリの女」こそがダントツで怖ろしい。平面の女が振り向くありえない映像を喚起させられ、不条理な隙間の世界に取り込まれてしまう感覚は、金造氏自身の体験談でしか味わえないからだ。

山の牧場

POINT
・兵庫のとある山上に実在する、謎多き牧場跡地にまつわる体験談。
・中山市朗の報告後、多くの人間が取材に挑んだ現代怪談の聖地。
・怪談とUFO・宇宙人譚を接合した歴史的意義にも注目すべき。

その日、中山市朗《なかやまいちろう》氏は大学の友人三名とともに、車で山道を走っていた。

一九八二年八月のことである。彼らは大阪芸大の卒業制作として十六ミリフィルムの映画作品を撮影していた。ロケ地は中山氏の地元である兵庫県某所。エリア全体を映す俯瞰ショットが必要だったので、少人数のスタッフにて目ぼしい山の頂上を目指していたのだ。セダンタイプの車がぎりぎり通れるような、細い林道である。曲がりくねったその道をしばらく行くと、白いペンキで「あと三十メートル」と書かれたドラム缶が置かれていた。なにかと思いつつ進行していくと、やはり同じようなドラム缶が道端にいくつも置かれている。あと二十メートル、十五メートル、十メートル……最後は「終点」と書かれたドラム缶によって道が塞がれていた。車を降りて歩きだすと、すぐにぱっと視界が開けた。そこは山の頂上で、草原が広がっていた。しかも木立の向こうには赤い屋根の建物も見える。不審に思い近づいてみると、それが牛舎であることがわかった。二棟ある横長の建物内部は中央を通路が貫き、その両脇に鉄柵が並んでいて、排便のための溝もある。鉄柵は真新しく光っているが、牛は一頭もいないし、飼っていた形跡すら見当たらない。それどころか周囲には人間の気配もいっさい感じられないのである。

いくら山の上とはいえ、ここまで大規模な牧場施設があればなにかしら情報を聞いているはずだ。しかし地元民である中山氏にもなんら心当たりがない。

一同はこの山の牧場を探索してみたが、なにからなにまで奇妙だった。

牛舎の屋根は直径二メートルほどの丸い穴が空き、鉄骨が飛び出している。まるで上から巨大な鉄球を落としたかのように。その脇では中型トラクターがタイヤを上に向け転覆していた。その様子も不気味だが、あの細い林道をどうやって上ってきたのだろうか。

牛舎の他にも、木造の平屋と二階建ての建築物があった。平屋の中には明らかに入り口よりも大きな「巨石」が置かれ、日本酒の一升瓶や皿などが石の上に供えられている。一方、二階建て建築の一階部分は扉のない倉庫のようで、山積みになった石灰が見えた。

だがおかしなことに二階に上がる階段がない。いったいどんなつもりでこのような建物を造ったのだろう？　好奇心にかられた中山氏たちは、裏手の崖から二階の窓へと飛び移り、内部に進入してみた。L字型に曲がった廊下の突き当りのドアを開けると、そこは六畳の和室だった。ただし普通の部屋ではない。畳の上に日本人形が数体転がっており、壁や天井には様々な神社の札が、数百枚単位でびっしりと貼りつけられているのだ。そして襖には白いペンキで「たすけて」と殴り書きされている。

恐怖のあまり逃げ出した彼らは、入ってきた窓から外へ出ると、庇をぐるりと反対側へ回った。そこにはまた別の部屋の窓があった。中は板張りの四畳間で、やはり数体の日本人形と、ぶ厚い医学書が転がっている。そして今度は札ではなく、見たこともない文字や記号が、漆喰の壁に隙間なく書き込まれていた。窓から手が届く場所に落ちていたメモ帳にはやはり意味不明の文字の羅列が書きこまれていたが、最終ページには下手くそな人体図が描かれていた。体の各部を解説するかのような、謎の文字とともに。

日も暮れかけていたため、中山氏ら四人は山の牧場を退散した。その夜、地元の友人たちを加えて、目撃した意味不明の事象について話し合ったのだという。

無数の札は霊の侵入に怯えているのか？　階段のない二階の「たすけて」と書かれた和室は不法な監禁部屋だったのか？　そもそもトイレすらなく人が住めない大施設を、あんな山の上に誰がどうやって造ったのか？

心霊、犯罪組織、陰謀。様々な種類の恐怖が思い浮かぶなか、誰かがポツリとこう呟いた。

「それ、ＵＦＯ基地と違うか……」

解説　そして実話怪談は宇宙へと繋がった

一九九〇年代、**木原浩勝《きはらひろかつ》**氏とともに『**新耳袋《しんみみぶくろ》**』によって実話怪談というジャンルを定着させた中山市朗氏。そんな彼がまだ怪談の仕事に着手していなかった大学時代、兵庫県某所の山中にて体験したエピソードが「山の牧場」である。

この話は『新耳袋』第四夜（一九九九）の発表によって普及するが、一九八〇年代の時点で既に中山氏から**竹内義和《たけうちよしかず》**氏や**北野誠《きたのまこと》**氏に伝えられており、関西圏の怪談マニアたちの間にも広まっていた。そして『新耳袋』以降、数多くのメディアが「山の牧場」のレポートをとりあげ、中山氏も現在まで十数回も現場に再訪することとなる。「山の牧場」とは、中山氏や彼以外の人々によって四十年間にわたる膨大な取材が積み重ねられてきた、現代怪談の聖地なのだ。しかも当地は数年単位で目まぐるしい変化を見せており、各方面からのレポートで報告される様子も千変万化している。こうした変遷の歴史については月刊「ムー」二〇二二年七月号など、中山氏自身による著述を参考にするのが最適なので、ここで逐一述べることは控えよう。

本書で指摘したいのは、この話が実話怪談とＵＦＯ譚・宇宙人譚とを接続させた功績である。『新耳袋』第四夜にて「**ＵＦＯを目撃談や超常現象の報告ではなく、怪談として語るおそらく史上はじめての試みともなるはずだ**」と書かれているように、「山の牧場」の主旨は霊的事象に類する体験記ではない。後日談として語られるのも、件の山がＵＦＯの目撃多発地帯であること、地下に謎の空洞があるのではないかという噂など、伝統的な日本式怪談とは趣が異なる。中山氏自身も「山の牧場」について語る際、前置きとして黒ずくめの男＝メン・イン・ブラック、つまりＵＦＯについての情報を隠蔽していくものたちの都市伝説（および実体験談）に触れることが多い。

同じオカルトというジャンルにありながら、それまで乖離していると見なされてきた怪談とＵＦＯ・宇宙人。それを新ジャンルである「実話怪談」という接ぎ木によって繋げたのが「山の牧場」だった。考えてみれば、ある人に起きた不思議な体験を、その人がどう解釈してどう語り伝えるかは、その人が持つ文化コードに負うところが大きい。例えば「自室で寝ている際、謎の黒い人影が現れ、なんらかの不可思議な行動をしていった」という体験は古今東西どこにでもある事象だが、現代日本ならそのヒトガタの影を死者の霊と捉える人が大多数で、現代アメリカならエイリアンによる接触と解釈する人が多いだろう。また宙に浮かぶ発光体を見ても、昔の日本人なら狐の仕業ととり、今の日本人ならそれが小さければ人魂、大きなサイズであればＵＦＯと捉えるだろう。だがそれはあくまで個々人の解釈であり、誰かが宇宙人遭遇と思った体験談を、私が幽霊と再解釈することも可能なはずだ。「山の牧場」は話自体の質の高さとは別に、こうした「怪談の解釈」の自由さを人々に教えた。その営為が実話怪談の旗手・中山市朗氏によってなされたのは、まさに時代の宿命だったと言うほかない。

迎賓館

POINT

・貴重な名建築だが、その移転に伴い数々の怪現象が頻発した。
・西浦和也が体験した、現代の物件怪談を代表するエピソード。
・江戸から近代にかけ、特権階級が住んだ土地ならではの怪談。

紀尾井町《きおいちょう》にあったその建物は、昭和の終わりごろまで「迎賓館《げいひんかん》」として利用されていた。某鉄鋼企業が所有しているその館は、新ホールの建設計画に伴い、渋谷区南平台《なんぺいだい》へと移設されることになった。同企業の技報（一九九八）によれば移設は一九八九年十二月とあるが、着工時期なのか移設完了のタイミングを表しているのかはよくわからない。

いずれにせよ、若き西浦和也《にしうらわ》氏が「迎賓館」に関わっていたのはその前後だろう。当時、警備会社の課長として働いていた西浦和也氏は、三年がかりの移設工事中である「迎賓館」の警備依頼を受け持つこととなる。破格の報酬が提示されたが、それには理由があった。これまでの担当者たちが全員、「女の幽霊が出る」と逃げ出してしまう現場だからだ。そこで西浦和也氏は、借金に追われるS氏を警備担当として派遣した。

一週間後、確認のため現場に出向いた西浦和也氏。なんら問題は起きていないというS氏だったが「変な夢を見るので、ちょっと寝不足が続いていています」と顔を曇らせる。

「目覚めると、白い着物を着た、黒くて長い髪の女が宙に浮いてるんです。それが天井からすうっと降りてきて、自分の首を締めるんですよね……」

後日、外国の要人が近くのホテルに宿泊していた時も奇妙なことが起きた。警察から「そちらの二階のホテル側の窓を閉めてください。女性がずっとこちらを覗いている」と電話がきたのだ。工事を休止しているので誰もいないはずだが、S氏が確認すると確かに二階の窓とカーテンが開いている。鍵をかけて閉めたところ、すぐまた警察から電話がきて窓を開けるなという。再確認するとやはり窓は開いており、それを閉めてもまた。

「女性の方が何度も窓とカーテンを開けていますので、その人に注意してください」

数々の怪異が起こる「迎賓館」だが、移設するのは本館だけなので裏手の蔵は取り壊すこととなった。解体当日、西浦和也氏も現場で立ち会っていると、蔵内部にいた外国人作業員が顔を出して「着物を着た女と子どもが閉じ込められている、すごく怒っている！」と騒ぎだした。慌てて他のスタッフたちも蔵に入り込んだのだが、彼以外に誰の姿もない。

「女の人の周りを小さい子たちが取り囲んでいた。女の人が自分を指さして、すごく怒りながらなにか叫んでいたけど、日本語なのでよく聞き取れなかった」

その蔵を壊そうとショベルカーをいれたところ、突如として床が抜けて地下空間が露出した。そこには格子や畳が散乱しており、まるで座敷牢のようだったという。

解説

連綿と続く〝更屋敷〟怪談の系譜

現代怪談を代表する一本ともいえる西浦和也「迎賓館」を駆け足で紹介させてもらった。是非とも同氏によるフルバージョンの元話を読むか視聴していただきたい。

件の建物と敷地は、持ち主が何度も移り変わる複雑な経緯を辿っている。まず明治時代、勤皇の志士であり後に華族となった香川敬三《かがわけいぞう》伯爵邸が建設。おそらく宮内省の建築技術者たちによる、高度な大工技術が凝らされたようだ。続く大正時代には豪商である村上喜代次の私邸として増改築される。その設計者は大正から昭和にかけて、旧歌舞伎座など数々の有名建築を手がけた岡田信一郎。香川邸部分を残しつつ、二階建ての二館が南北に続く作りとなった。洋風・和風の設計に分かれるが、特に和風部分は立派な桃山調の書院造りで、この直後に岡田が手がけた歌舞伎座建設にも役立ったと見られる。怪談「迎賓館」によれば「釘を使わず組木細工で作られた邸宅は、今の宮大工をもってしても、失われた技術でつくられた箇所が多い」ため、解体後の復元用にX線で構造解析したという。香川邸・村上邸ともに最高水準の建築だった。

関東大震災でも被害を受けなかったが、昭和に入って南側を河野義《こうのよしのり》に売却。北側には門や洋館が新たに作られる。ただ河野は二年ほどしか住まず、一九三四年から森ビルで知られる森コンツェルンの創設者・森矗昶《もりのぶてる》の私邸となった。しかし戦後の財閥解体や華族制度の廃止によって手放されたことで現在の鉄鋼企業が買い取り、北側は料亭となる。もともと接客用だった南側の建物を、企業の迎賓館として使うようになったという次第だ。以上は藤森照信《ふじもりてるのぶ》『日本の洋館』第一巻（二〇〇二）を参照したが、北側にずっと残されていた二つの蔵がいつ造られたかについてはよくわからなかった。

怪談「迎賓館」エピローグでは、南平台に移設された迎賓館の前で、三木武夫《みきたけお》元首相の夫人が泣いていたとの逸話が語られる。夫人によれば、これは自分が幼少期に住んでいたが戦後改革で追い出された実家で、なぜか今住んでいる家のすぐ近所に移設されたのを見て、思わず涙ぐんだのだとか。その夫人こそ旧姓・森睦子《むつこ》。森矗昶の次女だ。二・二六事件鎮圧に召集された一個中隊二百人を同屋敷に泊めたこともあると自著の『信なくば立たず』（一九八九）で述懐している。

こうした華々しい「建物」の来歴とは別に、「土地」についても考えてみよう。

紀尾井町という地名は江戸時代、紀州徳川・尾張徳川・井伊家の中屋敷が並び立っていたことに由来する。これら三つを合わせた広大な敷地は現在、大学やホテルや公園などになっているが、「迎賓館」周辺のエリアは尾張徳川家の敷地だった。

尾張徳川家には「地下」や「隠されたもの」にまつわる怪談めいた噂が多い。

例えば現在は新宿区の戸山公園となっている下屋敷。『耳嚢』（根岸鎮衛）には、尾張徳川下屋敷である戸山荘庭園には、邪神を封じ込めた開かずの祠があったとの話が記されている。他にも元禄時代、赤子を抱えたウブメのような女幽霊が現れたとの伝説も伝えられる。彼女の夫を殺した敵を討つため、尾張徳川の下屋敷に侵入して首をもぎ取った後、地下から泉を掘りあてたのだとか。いずれもなにか隠された秘密があるのではないかと想像させる怪談ではないか。

また明治以降、尾張徳川の下屋敷と上屋敷は軍部に使用されてきた。特に上屋敷は陸軍士官学校、参謀本部、市ヶ谷駐屯地から現在の防衛省に至るまで軍用地だった歴史に切れ目がない。そのため戸山公園や防衛省には旧陸軍から継承される秘密の地下空間が現在も残されているとの都市伝説が囁かれている。

となると中屋敷のほうにも「地下」「隠されたもの」の怪談があっておかしくない。白い着物の女や座敷牢といった古めかしい事象を鑑みるに、明治以降の華麗なる人々より、尾張徳川のほうの来歴を当てはめてみたくなってしまう。

いずれにせよ「迎賓館」の敷地は、江戸の尾張徳川から明治の華族や豪商にいたるまで、高い塀に囲まれ庶民とは隔絶された上流階級たちの空間だった。そうした場所の屋敷が取り壊された時には、なにか隠されたものが噴出してしまうものなのだ。少なくとも人々は、そうした怪談的想像力を巡らせるものなのだ。

そう、あたかも「**皿屋敷**」と同じように。

「迎賓館」は、こうした怪談の伝統を継承しているからこそ名作となったのである。

裏拍手

神戸在住の若者A君に、初めての彼女ができた。しかし内気で純朴な性格のため、なかなか二人の恋仲が進展しない。それを見かねた友人たちは、A君にこう助言した。

「A君アウトドア得意やろ。キャンプに連れてけば彼女ともっと仲良くなれるんちゃう?」

神戸から二時間ほどの山間部に、静かで落ち着いたキャンプ場があるという。仲間の助言に従い、A君は彼女とともにそこに向かった。

確かに人気《ひとけ》の少ないキャンプ場だった。というか駐車場には一台も車が停まっていない。二人きりになれてラッキーだと喜んだA君は、管理人に入場届を出し、テントを張るのに適する場所を探した。すると雑木林の向こうから、大勢の人の騒ぐ声が響いた。車などなかったのにと思いつつ、林の奥を覗く。木々がぽっかり開けた広場のような場所に、十名ほどの若者たちがいた。中心の焚き火を囲み、酒盛りしながらわいわいと楽しんでいる。

「あ、いらっしゃい!　カップルさんですか!?」

A君たちに気付いた彼らが、気さくに声をかけてくる。

POINT
・衣服を逆さまに着る謎の集団に出会い、恋人までも裏拍手をする。
・元は関西の怪談だが、田中俊行の「あべこべ」で有名になった。
・さらに遡れば逆さま拍手の怪談は二〇〇〇年代から語られている。

「よかったらここで一緒に飲んでいきませんかー？」

満更でもない表情の彼女を見て、A君の嫉妬心がうずいた。

「いや今着いたばかりなので」と申し出を断り、その場を後にする。せっかく二人で静かに過ごせると思ったのに、あんなチャラいやつらがそばにいるなんて……。

苛つくA君だが、今日は彼女にいいところを見せなければならない。だがその焦りが悪かったのだろう、炊事場で火をおこそうとしても、なかなかうまく燃え上がらない。

「ごめん、いつもはこんなこと簡単にできるんだけど……」

四苦八苦するA君を見かねて、彼女はこんな提案を出した。

「無理しなくていいよ。私がさっきの人たちに火を分けてもらってくるからさ」

そう言って彼女は雑木林の奥に向かった。恋人の背中を見送りながら、自分の不甲斐なさに腹を立てるA君。くそっ、情けない、せっかくのキャンプなのに……。

しかし十分経ち二十分経っても、彼女がなかなか戻ってこない。心配したA君が雑木林のほうへ探しに行くと、彼女は若者たちの輪に交じり楽しく酒を酌み交わしていたのだ。

「あ、Aくんもこっちおいでよ！　この人たちすっごく面白いんだよー」

おいおいなんだよ、こんなやつらほっといて、さっさと火をもらってくればいいのに……。

さらに不快さを募らせたA君だが、さすがに種火を分けてもらう手前、少しは愛想よくしなければならない。嫌々ながらも彼女の横に座り、若者たちの会話に加わる。

「どこからきたのー？」「二人付き合ってんですかー？」

はあ、まあと適当な相槌を打つが、その声色は明らかに不快さが滲み出ていたのだろう。

「もうー！　A君もっと楽しくおしゃべりしようよー！」

……いや確かにそうだよな。彼女の指摘に、A君も思わず反省した。

ただの明るい若者グループじゃないか。なんで俺は彼らをこんなに嫌ってるんだろう。

A君は気持ちを落ち着かせ、ゆっくり周りを見渡した。

なんで一目見た瞬間からこんなに気持ち悪がっていたのか。こんな普通の人たちを……。

……あっ。

「戻ろう、ねえ、もうテント戻ろう」

A君は立ち上がり、彼女の腕をつかんだ。

「なんでー？　もっとここで楽しくしたいよー」

「いいから！」。渋る彼女を強引に連れて、A君は若者の輪から逃げ出した。

「どうしたの？」「なに慌ててるの？」という彼女の言葉を無視し、手をひいて一目散に
雑木林を抜ける。自分たちのテントに着いたところで、息を切らしながらA君は叫んだ。

「気付かなかったのかよ！」

彼女はきょとんとして「なに？　A君本当にどうしちゃったの？」と返す。

「あいつらだよ！　あいつら、全部さかさまだっただろ！」「さかさまって？」

「あそこにいた奴ら全員、着てる服も、靴も、裏返しか反対にして身に着けてただろ！

絶対あいつらおかしいよ！」というA君の言葉に、彼女が問い返す。

「え、本当に？」「そうだよ！」「本当にあの人たち、全部さかさまだったの？」「そうだよ！」

服も？　靴も？　身に着けてるもの全部？　なにからなにまでさかさまだったの？

「そうだよ！」

すると彼女は満面の笑みをたたえた顔の前で、拍手をした。

「すごーーーーい！」

それは両手を裏返しに、手の甲を叩き合わせる、さかさまの拍手だった。

ひっ、と叫んだA君は、思わずあらぬほうへと走り出してしまった。

すぐに気を取り直しテントに戻ってきたのだが、そこに彼女の姿はなかった。恐る恐る雑木林の広場を覗いても、焚き火どころか人のいた痕跡すらない。管理人のもとに駆け込んでも、今日は誰も来ていないという。結局、彼女はそのまま行方不明になってしまった。

その後、A君は心を病み、神戸を離れてどこか遠くの実家に引っ込んでしまったそうだ。

解説　死を呼ぶなら手をたたこう

多くの読者が気づいていると思うが、これは田中俊行《たなかとしゆき》氏の怪談「**あべこべ**」の別バージョンである。二〇一三年の『**怪談グランプリ**』（関西テレビ）で見事優勝して以来、この話は田中氏の代表作となっている。ただし田中氏自身が言及しているとおり、「あべこべ」にはもととなる怪談があり、田中氏はそれを二〇一一年頃にベトナム系の友人から取材している。その友人もまた知人から聞いたとのことで、田中氏が辿れる限りでは五人ほどの人間を経由しているようだ。私も田中氏の取材直後に同話を聞き及んでおり、前項で紹介したのはそのバージョンのリライトである。

田中氏はこれを海が舞台の話として変更したわけだ。二〇一三年の怪談グランプリでは、「あべこべ」とは別に、先述の山バージョンを予選時に提出した人もいたという。おそらくその時期、関西圏で静かに伝わっていた怪談だったのだろう。

また二〇一一年一月二十四日には、2ちゃんねるオカルト板に裏拍手をモチーフとした怪談が投稿されている。奄美大島の中学生カップルが港をデート中、手の甲を合わせて拍手する謎の集団に出会う話だ。それに気づいた女性が逃げ出すなど「あべこべ」と話の構造がよく似ているため、元の噂のさらに元ネタである可能性は高い。

さらに有名なのは、某女性歌手にまつわる都市伝説である。彼女が歌番組に出演した際、死んだ元恋人をモチーフとした楽曲を歌うこととなった。しかし生放送中にもかかわらず、彼女はなぜか客席のある方向から不自然に顔をそらし続けた。その理由は、死んだはずの元恋人が客席からこちらを見つめ続けていたからだ。他の客と同じく、リズムに合わせて手拍子を叩きながら。しかしそれは通常とは逆の、手の甲同士を合わせる「裏拍手」だった。拍手はそもそも祝い・寿ぎのための仕草だが、それが逆向きになるとはすなわち「死」を暗示する。元恋人は女性歌手をあの世へ一緒に連れていこうと裏拍手をしていた。だから彼女は顔をそむけ続けていたのだ……。

インターネットのログを探る限り、女性歌手にまつわる都市伝説は二〇〇〇年代後半には囁かれていたようだ。ただし私の知人のテレビ関係者によれば、当該の女性歌手の出演回を全てチェックしてみても、そのような映像は見つからなかったという。

この別バージョンとして、某アイドルグループのメンバー事故死にまつわる話が語られることもある。また二〇一二年のバラエティ番組にて、甲側の手首を叩く裏拍手めいた観客の両手（肘から上）が映ったことが、ネットの一部で話題となった。

いずれにせよ裏拍手にまつわる怪談は、「逆拍手」「逆手《さかて》拍手」などの呼び名とともに、二〇一〇年前後にはマニアならば知るものとなっていた。そうした状況を一変させたのはやはり田中氏の「あべこべ」発表だろう。その語り口の不気味さ、テレビデビューの鮮烈さも相まって、裏拍手といえば今や「あべこべ」とイコールになった。

やはり怪談とは語り手あってのものなのだと、強く実感せざるをえない。

くるりんぱ

POINT
・北陸の飯場で出会った、醜い父親と美しい娘にまつわる怪奇譚。
・実は娘こそが化け物で、親子を装って男と各地を放浪している。
・おそらく北海道で発生した、陰惨な背景を予感させる現代怪談。

三十年ほど前。興《こう》さんと井森《いもり》さんはバイクに乗って日本中を旅していた。そんな彼らが北陸に流れ着いた時のこと。いつものように余所者《よそもの》でも身元を問われず働ける場を探したところ、公営ギャンブル場の大規模工事を行なっているのを発見し、二人とも採用となる。数か月かかる大工事では「飯場《はんば》」がたつ。宿泊所や食堂などの施設が用意され、作業員たちが生活を共にするのだ。二人には一階の部屋があてがわれ、飯場ぐらしが始まった。

そこに奇妙な男がいた。七歳ほどの娘を連れた沢田《さわだ》という男だ。沢田の顔は歪んでいた。いつも両目があらぬ方向を向いていて、口を開けば乱杭歯《らんぐいば》が覗く。さらに仕事もできないため現場でバカにされている。一方、その娘は驚くほど可愛らしく、たびたび食堂のオバさん連中がお菓子を与えていた。あまりに似ていない容姿から、二人は実の親子ではないだろうとの噂も流れていた。

「沢田って知ってるよな?」。興さんは井森さんに尋ねてみた。

「ただの斜視じゃなくて、あいつ、絶対に人と目を合わせねえんだよ」

よくヘマをやらかす沢田はいつも現場で怒鳴られていた。だが神妙に頭を下げている最中も、絶対に相手のほうを向かない。その後も気をつけてみると、誰かと接する時、必ず沢田は顔や目をそむけている。

「全く得体の知れない奴だよ」と笑ったが、井森さんは機嫌でも悪いのか、「あいつらのことは放っておけよ」と素っ気ない言葉を返すだけだった。

なぜか沢田の父娘は興さんに馴れ馴れしかった。娘はともかく小汚い中年男に親しくされるのは迷惑だ。その日も、食堂で昼飯を食べていると沢田が近づいてきて。

「い、一緒に食べようよ」と言うので、しぶしぶ興さんが席を空けようとしたとたん。

「こっち来んじゃねえ！　飯が食えねえだろ！」井森さんが沢田を怒鳴りつけた。

無言で退散していく沢田を見ながら、興さんが呆気にとられていると。

「お前、あの親子に近づくなよ。俺にはわかるんだよ。あいつらはヤバい」

ああ井森のいつものやつか、と興さんは勘付いた。彼は霊感が鋭く、これまで色々な目に遭っている。とはいえ沢田の父娘は生きている人間だ。「確かにオヤジは気持ち悪いけど、娘のほうは可愛いだろ」と返すと、井森さんは真剣な眼差しでこちらを睨んできた。

「あの娘だけは本当にヤバい。絶対に関わり合いになるんじゃねえぞ」

なに小娘にビビってんだよと思ったが、こういう時の井森さんを茶化してはいけない。

「同じ飯場だから顔は合わすだろ」「それなら絶対、正面に立つな」

熱が入りだしたのか、井森さんはますます意味不明なことをまくしたてる。

「ボクシングと同じで、相手の正面にまわらないのが肝心なんだよ。ああいう奴らってのは、自分の目の前を真っ直ぐの線でしか攻撃できないからな」

なにを言っているのやら……。納得できない興さんだったが、その場は頷いておいた。

数日後、興さんが部屋で休んでいると祭囃子が聞こえてきた。窓の外を見れば広場に数軒の屋台が並んでいる。こういうところでも夏祭りをするんだなあ、と思っていると。

「お兄ちゃん」、いつのまにか沢田の娘がいた。

窓辺に立ち、自分と真正面から向き合う形でじいっとこちらを見つめていたのだ。

「お兄ちゃん、一緒にお祭りいこう」と言う少女の姿が、なぜかとても美しく見えた。

いつのまにか、興さんは娘と手を繋ぎながら夏祭り会場へと向かっていた。広場には屋台が並んでいる。そのうちの一軒ではウズラの丸焼きを売っていた。変わったものがあるなと買ってみたが、いざ口をつけてみると、骨が多すぎて食べづらいことこの上ない。

「なんだ、このアホみてえな鳥」。そのまま捨てようとした興さんだが、傍らの娘がもの欲しそうに見つめているので、「一口食べるか?」と差し出した。

娘はウズラをすばやく受け取ると、くるりと背を向けた。女の子だからがっついてるところを見られたくないのか……。興さんは微笑みつつ、背後から娘の顔をのぞいてみた。瞬間、体が硬直した。娘の鼻から口にかけての部分が犬のようににゅうっと前へ伸びているのだ。突き出た口に並んだ鋭い牙が、ウズラを骨ごと嚙み砕く。あっというまに一羽分を丸飲みにした娘が、こちらへ振り向いた。いつもの愛らしい美少女の笑顔だった。

娘を置いて、興さんは逃げるようにその場を去った。

宿舎に戻って一部始終を話すと、井森さんは有無を言わさぬ口調でこう返した。

「こんなところ、すぐに逃げ出すぞ」

工事も終わりかけだったので、辞職の要求はすぐ受け入れられた。夕方に給料が手渡されると、大急ぎで荷物をまとめた二人は部屋を抜け出し、自分たちのバイク目指して走った。資材置き場の角を曲がり、ぽっかり開いた空き地に出て、そこで二人の足が止まった。

夕焼けの原っぱで、沢田と娘が「くるりんぱ」をして遊んでいたからだ。向かい合わせになって両手をつかみ、娘が沢田の体をかけのぼると空中で一回転して、また向かい合わせになるお遊戯だ。くるりんぱ、くるりんぱ。無言の娘が、何度も空中で回り続けている。

こちら側を向いていた沢田は、すぐに二人に気付いた。顔も目も斜め上に向けて「ああ興くん、今日で辞めるんだってねえ」とにこやかに声を張り上げてくる。

「よかったらさー、うち、今日、カレー作ったからさー、食べにこないかなー」

こちらに話しかける間も父娘はずっと、くるりんぱを続けている。

「この飯場も終わっちゃうねえ」くるりんぱ。「僕もまた仕事探さないとなあ」くるりんぱ。

「興くんも皆もどんどん出ていっちゃうしねー」くるりんぱ。「いやあ本当に」くるりんぱ。

「これから僕たち、どこにいけばいいんだろうねえ」すとん。

娘が着地した。そして背を向けた彼女のほうから、おそろしく野太い声が響いた。

――おまえは俺といっしょに地獄にいくんだよ――。

空気が凍りついた。その場にいる全員が微動だにしなかった。興さんが震えながら目の前の父娘を凝視すると、今まであらぬ方を向いていた沢田の両目が、ぐりっぐりっと少しずつ娘の正面へ向いていくのが見えた。今すぐ逃げなくてはと思うのに、体が動かない。

沢田の両目が、まさに娘の正面へと真っ直ぐ合いそうになった、その時。

ウウウウウウウ……終業を告げるサイレンが高らかに鳴りわたった。

気がつくと、周囲はまた爽やかな夏の夕暮れに戻っていた。沢田の顔も目も、先ほどと同じく斜め上の、誰もいない中空へと向いている。

くるりんぱ、くるりんぱ。父娘は何事もなかったかのように遊びを続けている。

「ねえ、興くーん、うちにカレー、食べにおいでよおー」

飯場の出口へと全力で走る二人の背中を、そんな声が追いかけてきた。

解説

父娘は北海道から来て、地獄へと向かう

恐縮ながら私が収集した怪談も収録させてもらった。「くるりんぱ」は興さん井森さんという体験者に取材した実話怪談ではあるが、これと似た話が北海道にあるといった情報も聞き及んでいる。本書でも触れたとおり、北海道は現代怪談が多く生まれてきた土地だ。またそれらの怪談は、道路・鉄道や大規模施設の建築などの工事に集まった人々により語られてきた側面も持つ。全国から出稼ぎ労働者が集まって各地の話を伝え、それが工事現場の推移とともに北海道内部に伝播していく。そしてまた地元に帰った労働者が、自分の聞いた怪談を日本中に広めていったという流れだ。

そのうちの一つに、建設中の飯場に奇妙な親子がいる……との怪談があったようだと北海道出身の人間から聞かされたことがある。やはり不器用な父親と美少女の娘だが、娘のほうこそ化け物であり、誰かが娘の顔を後ろから覗くことによってその正体が明らかになるといった面が共通している（その人が聞いたバージョンでは、娘が醜い老婆に変わっていたとのこと）。興さんたちは北陸の現場にて、北海道から流れ着いた噂を聞き及んだのか、または本当にその親子に出会ったのか……それは定かではない。

いずれにせよ「くるりんぱ」が**カシマ**、**テケテケ**、**下半身切断怪談**と同じく、北海道発の陰惨な現代怪談というルーツを持っているのは実に興味深い。

八章

伝染

便所の怪
テケテケ
ウミガメのスープ
ＭＯＭＯチャレンジ
バックルーム

便所の怪

POINT
・「のびる手」「開かずの扉」「奇妙な問答」が便所怪談の主な傾向。
・学校への便所の普及に伴い、特に小学校の怪談として語られていく。
・水洗式への移行で「のびる手」は廃れ「トイレの花子」が誕生した。

昔、便所の怪談といえば「手」が出てくるのが定番だった。汲取り便所の深い穴の下から、にゅうっと長い手が伸びてきて、無防備な尻をなでまわす……という話だ。

それが次第に「手」よりも「扉」「問答」のほうが注目されるようになる。「扉」の場合は、人が自殺したり殺された個室が使用禁止となり封鎖されるか、または無人なのになぜか扉が閉じてしまう。つまり開かずの便所となった……という話だ。「問答」はパターンが多い。例えば用を足していると「赤い紙やろか青い紙やろか」と声が聞こえる。赤と答えれば斬られて血まみれに赤くなり、青と答えれば血を抜かれて青くなる……という話だ。

明治から昭和にかけて学校に便所が普及するうち、こうした要素が混ぜこぜになった怪談が広まった。例えば昭和初期、東京・世田谷の某小学校で起きたのは、こんな話。

一九三〇年六月中旬、この学校の校長のもとに、A子という八歳の女児が慌てて駆け込んできた。彼女は先ほど、B子・C子と三人連れだって便所に行ったのだという。

A子とB子は先に用を済ませたのだが、C子だけがずっと個室に入ったきりだ。せっかちなＢ子が「まだいるの」と扉ごしに声をかけると、「ええ」と答えが返ってくる。しかしいくら待っても出てくる気配がないので、Ｂ子がこっそり扉を開けて覗いてみた。

「あら」こちらに背を向けたＢ子が声をあげた。中に誰も入っていないという。

「Ｃ子さんはあたしをだましたんですわ」と入ったＢ子まで消えてしまったそうなのだ。

「そんなことはありますまい」。校長は笑い飛ばしたが、Ａ子は本当だと譲らない。それなら実験してみようとＡ子を同じ便所の個室に入れてみた。おおかた便所の窓から脱出し、消えたと見せかけ自分を驚かせようとしているのだろう。


女子児童の悪戯心にほくそ笑みながら、校長は「誰かいますか」と声をかけた。

「今入っています」。扉ごしに返答が響く。数分待ってから「まだいますか」と訊ねる。

「ええ、まだいますわ」という声が聞こえた瞬間、校長は勢いよく扉を開けたのだが。

見えたのは窓を抜け出そうとしているＡ子……ではなく、手だった。窓の外から室内に向かって、白く細長い手が伸びていたのだ。なにかを掴もうとしていたその手は、こちらの気配に気づいたのか外へ引っ込んだ。床には、青ざめたＡ子が気を失い倒れていた。


――職員会議の結果、この便所の使用は禁止となった。

そして現代の便所怪談は「扉」を通じた「問答」が主流となった。つまり「トイレの花子さん」だ。三番目の個室の扉に「花子さん」と呼びかければ返事がくる。これは花子さんという少女霊との交信であると同時に、子どもたちが交流を深めるコミュニケーション儀式でもある。だからこの儀式は集団で行うべきで、けっして一人で試してはならない。

——放課後の小学校で、四人の女生徒がトイレの花子さんを呼ぼうと盛り上がっていた。

「今日は違うやり方をしよう」。薄暗い教室で誰かがそう言い出した。「一人ずつ女子トイレに行こう。そうすれば怖くて楽しいよ」そんな誰かの提案に、いいねと四人が頷いた。

まず一人目の子が笑いながらトイレに向かう。すぐに逃げ帰ってくるだろうと思いきや、その子はいくら待とうと戻ってこない。おかしいね、と三人で顔を見合わせていると。

「トイレで待ちぶせしてビックリさせようとしてるのかも」また誰かがそんなことを言う。

「じゃあ逆に大声出して脅かしてやる」と二人目の子がトイレに向かった。しかしその子も、いくら待とうと戻ってこない。

「具合が悪くなって倒れているのかも」また誰かが心配そうな声をあげたので、三人目の子が真剣な顔でトイレに急いだ。しかしその子も、いくら待とうと戻ってこない。

一人きりで残された子は、おびえながら女子トイレに向かった。いったい三人ともどうしたのか、もう帰ってしまったのか……。そう思いつつ足を踏み入れてみると。

トイレの中の三つの個室は、すべて扉が開いていた。

そして三人の友だちは、それぞれの個室で一人ずつ、首を吊ってぶら下がっていた。

解説

花子さん、あそびましょ

前半は李家正文《りのいえまさふみ》『**厠**《かわや》**（加波夜）考**』（一九三二）で紹介された世田谷区瀬田の小学校の怪談だ。「手」「扉」「問答」という便所怪談の要素が詰まった学校の怪談で、もしかしたら現代の定番**トイレの花子**へと繋がる話かもしれない。後半は私が子どもの頃に聞いた都市伝説をリライトしたもの。

昔の便所怪談の定番は、便槽の底から伸びてくる「手」だった。京都では節分の夜に便所に入ると**カイナデ**に尻を撫でられるとの言い伝えがあった。どうしても用を足したければ「赤い紙やろか白い紙やろか」と唱えればカイナデが出ないとされる。後の時代には逆に、こう問われて答えなければいけない怪談が一般的になるわけだ。

日本の便所怪談については、中国で五世紀から続く**紫姑神**《しこしん》信仰の影響も考えたい。便所内にて本妻に殺された（または虐げられ自殺した）妾である紫姑を厠神として祀り、正月十五日に**紫姑ト**なる吉兆占いをする信仰だ。女性を模した人形を用意し、「小姑可出戯（お妾さん出てきて遊びましょ）」と唱えて紫姑と交信する。これが**コックリさん**や花子さんの遠いルーツなのではないかという意見もある。

昔の日本では便所怪談といえば学校よりも旅館や遊郭のほうが多かった。その内容は定型化していて、①本妻と妾の確執により、虐げられた本妻か妾が憤死か自殺か相手に殺される、②その怨霊によって個室が開かずの間となる、というパターンだ。また遊郭では、便所にて未来の恋人を予見する占いも流行していた。これらは紫姑神信仰に通じると同時に、便所怪談における「扉」「問答」要素にも繋がっている。

そして学校、特に小学校の共同便所が整備されるにつれ、多くの怪談が生まれるようになる。資料を通覧する限り、昭和初期から一九七〇年代までは開かずの便所という「扉」要素、赤い紙青い紙の「問答」要素とともに、便槽から伸びて尻を撫でる「手」についてもよく語られていた。またこれらは単体ではなく、赤い紙うんぬんの声が聞こえると同時に下から手が出てくる、といったようなセットでの出現が多い。

だが「手」要素が廃れてしまう大変革が起きた。汲取り式から水洗式への移行である。汲取り式の便槽の穴は、直接に建物の外へと繋がっている。だからこそ外からきた不審なものが、穴を通じて便器の上の尻へと手を伸ばしてくる恐怖にリアリティが生じるのだ（実際、泥棒が便槽から侵入する事件も昔は数多くあった）。これが水洗式となれば、外と便所を繋げる通路が消滅してしまうではないか。

日本の水洗便所は一九五〇年代に普及し始めたが、地方の学校施設では比較的遅く、また旧校舎に汲取り式が残存していた事情もあり、一九七〇年代まではかろうじて「手」の便所怪談が語られていた。だがさすがに一九八〇年代になると、便槽の下から手が伸びる怪談はほぼ絶滅する。その代わり注目を浴びるようになったのが、トイレの花子だ。

もちろん花子怪談の歴史もそうとう古い。まず「花子」の名前が出てこなくていいのなら、少女の声が聞こえたり少女霊が出現したりする学校の便所怪談が、戦前から多く語られている。「花子」の名称の登場がいつなのか定かではないが、証言レベルであれば戦後すぐからあったともいう。資料で「花子」が確認できるものは、一九七九年の児童にまつわる調査報告書、一九八五年の小学生学年誌あたりから登場しだすが、一般レベルまでメジャー化したのは一九八九年以降となる。

「手」の要素が廃れたので、相対的に「扉」を介して「問答」する便所怪談が強まった。言い換えれば、一人きりで便器に座った際の体験ではなく、便所内で友人たちと一緒に霊と交信しようとするコミュニケーション体験に移行した。そのような行動をするのは男子ではなく圧倒的に女子が多い。それまでの便所怪談でも、人間の霊が出る場合の多くは女性霊、それも小学校の女子トイレなので少女の霊が多かった。

学校の便所はもはや清潔な水洗式となり、校舎の各階に配置されている。さすがに自殺や殺人が起きた個室という想定はリアリティがないので、「三番目の個室」という一般的な「扉」を選択することになる。そして紫姑卜めいた霊との交信を行うのだから、「赤い紙青い紙」のような声を待つのではなく、こちらから相手に呼びかける必要がある。となれば少女霊に名前がないと不便なので、これも一般的な「花子」と名づける。……というのがトイレの花子が広まった流れではないだろうか。

こうして学校の便所怪談は、清潔で現代的な「トイレ怪談」になっていったのだ。

テケテケ

POINT
・道路か学校に出没し、両手か肘で高速移動する上半身だけの怪物。
・オチの動作で聴き手を驚かせる、口承であることが重要な怪談。
・沖縄発祥説が有力だが、北海道の下半身切断怪談との関連も注意。

あなたは放課後の小学校の、もう誰もいなくなった校庭を歩いている。

ふと視線を感じて校舎を見上げると、三階の窓に人影が一つ。

きれいな女子児童が、窓枠に両肘をつき、両手を顔に乗せ、あなたを見つめている。

「一緒に帰ろうよ」。思わずあなたが呼びかけると、少女はにこりと笑い返してきて。

そのまま窓から飛び降りた。いや正確には、ふわりと飛んで地面に降りてきたのだ。

あなたが驚いたのはそれだけではない。少女の体は、腰から下がなかった。

上半身だけの少女が、両肘を虫の足のように素早く動かし、猛スピードであなたに迫ってくる。肘が地面にぶつかるたび、これまで聞いたことのないような硬い音が響く。

テケテケ、テケテケテケテケ……。

「テケテケ」の話は、一九九〇年代以降はすっかり学校の怪談として定着したため、メインの出現場所も小学校となった。ただそれ以前にも（「テケテケ」と呼ばれたかはともかく）上半身だけのものが高速で走る怪談は広まっていた。それは学校以外の場所でも、峠道でバイクや車を追跡してきたり、電柱から飛び降りて坂道を追いかけてきたりしていたのだ。

それら一九七〇～一九八〇年代に語られていただろうテケテケ怪談は、文字媒体ではなく、仲間内のおしゃべりによるコミュニケーションだった点に注意したい。この怪談で最も重要なのはラスト部分、上半身だけの化け物が迫りくる様子を「再現」することだ。オチにきたところで突然、語り手が両腕を組むかガッツポーズのように突き立てる。そして両肘を素早く動かし「テケテケテケテケ！」と叫びながら聴き手の眼前まで迫っていく。この驚きこそが醍醐味であり、コミュニケーション・ツールとして広まった重要ポイントなのだ。

　また一つ注意したいのは、テケテケと同じく両足のないカシマ怪談、または「下半身切断」怪談との共通性だ。テケテケと同時期、次のような噂もまた広まっていた。

　北海道のどこか、札幌とも室蘭とも旭川ともいわれる。とにかく雪も降らない凍てつく夜が明けた朝のことだ。列車に轢かれて腰から下が切断された少女の死体が発見された。だが下半身は踏切のそばに転がっていたのに、上半身はかなり遠ざかった位置にあった。しかも積雪の上には這ったような跡がみえる。おそらく昨夜の強烈な寒さにより、切断された傷口が一瞬で凍りついてしまったのだろう。そのため少女は上半身だけでしばらく生き延びていたのだろう。激痛に身をよじらせ、雪の上を這いずりまわりながら……。

解説　テケテケのリズムで繋がる怪談リミックス

テケテケは事故などで下半身が切断されて死んだ、両肘や両手で移動する化け物であり、一九九〇年代に**学校の怪談**の一種として知名度を高めた。その頃には「大きな鎌を持っている」「こちらの両足を奪いに来る」「まっすぐしか走れないので横っ飛びに避ければ助かる」など様々なバリエーションに変化したが、初期はもっとシンプルな存在だった。

テケテケ怪談の発祥については、松山ひろし『カシマさんを追う』（二〇〇四）、学校の怪談編集委員会『学校の怪談大事典』（二〇〇九）によると、一九八〇年代初頭の沖縄との説が有力視されている。確かに私個人の調査でも、その頃の沖縄で**テクテクー**という同様の怪談が広まっていたとの情報を得ている。ただし同時期の大阪でも、「テケテケ」名称ではないものの上半身だけの化け物が迫りくる怪談（先述した「再現」による驚かせも込みで）が知られていたらしいので、発祥はもっと古いのかもしれない。

また北海道についても、かなり早い時期にテケテケと同様の怪談があったのが面白い。私が調べた限り、特に旭川エリアが古く、少なくとも一九八〇年代前半にはテケテケまたは**シャカシャカ**の名称で同様の噂が定着していた。

これは下半身切断怪談と関係しているのではないだろうか。この怪談は設定上、厳寒地域でなければ成立しないので、たいてい北海道が舞台となる。また上半身のみの少女が這いずるイメージが、すこぶるテケテケと共通しているからだ。

北海道という土地はアイヌ伝承を除けば怪談の歴史が乏しい。そのため戦後になってオリジナルの怪談・都市伝説が多数発生したのではないか、と私はにらんでいる。それらの多くは、昔ながらの情緒ある怪談ではなく、陰惨で暴力性あふれる現代的な都市伝説として広まった。テケテケしかり、下半身切断怪談しかり。

同じように両足のない**カシマ**の発祥地も北海道だし、私の収集した怪談「**くるりんぱ**」のルーツも北海道にあるかもしれないことは、本書で既に述べた。また考えてみれば、「両足を奪いにくる」要素はカシマと、「鎌を持っている」要素は**口裂け女**と、「まっすぐしか攻撃できない」要素はくるりんぱと共通している。それら怪談の発生時期がどう前後したかはともかく、十年から二十年スパンで人々に語られ広められていくうち、互いに影響しあっただろうことは想像できる。口裂け女の発祥地が岐阜、テケテケの発祥地が沖縄だったとしても、現代怪談のホット・スポットである北海道が、こうした影響関係を考える際の最重要地であることには変わりない。

ちなみに漫画『**地獄先生ぬ～べ～**』「てけてけの怪の巻」（「週刊少年ジャンプ」一九九四年一月八日号掲載）は、北海道のテケテケ・下半身切断怪談・カシマの三要素をドッキングさせた回だ。主人公ぬ～べ～の説明によれば三者は同一の存在なのだという。

「「てけてけ」の話のモデルになった女性は／20数年前 冬の北海道の鉄道事故で胴体を真二つに切られて死んだK・Rさん（仮名）なんだ／ところが、あまりの寒さのために血管が収縮して出血が止まったため／即死できずに数分間 上半身だけで苦しみもだえていたという」

K・Rとは明らかにカシマの派生名称**カシマレイコ**のことだ。この話を聞いたもののもとには三日以内に「てけてけ」が現れて「足いるか」と訊ねるので秘密の呪文を唱えなくてはならない（作中では伏字にされているがこの呪文も「カシマレイコ」だろう）。また原作の真倉翔は文庫版のあとがき（二〇〇六）にてこう述べている。

「てけてけってのは、この当時本当に噂になっていた怪談だからね。ただ、ウワサではなぜこの姿になったのかの説明がなかった。そこでもっと昔から伝わる怪談を組み合わせて話をつくったんだ。その怪談というのが…（略）…かしまさん…」

『ぬ～べ～』当該回が執筆された一九九三年末頃の時点では、この三者を結びつける説は誰にも語られていなかったはずで、真倉・岡野の着眼点はさすがという他ない。さらにこの回で強調されているのは、人々が怪談を広めて伝染させることで、その怪異が現実化するというテーマだ。これはカシマ怪談の真髄であるとともに、テケテケ・下半身切断怪談・カシマの影響関係を言い当ててもいるようだ。ぬ～べ～には怒られるかもしれないが、我々は怪談を伝染させることによって、上半身だけの化け物をより強固な存在へと成長させているのだ。

ウミガメのスープ

POINT
・ウミガメのスープを飲んだ男がなぜ自殺したかを問うパズル問題。
・隠された人肉食という解答により、恐怖の物語として広まった。
・発祥はおそらく七〇年代の英語圏だが、創作者は謎に包まれている。

とある海辺のレストランで、一人の男がテーブルについている。男は遠いところに住んでいるにもかかわらず、長時間かけてこのレストランを訪ねてきたそうだ。

「この店でウミガメのスープを出していると聞いたので、食べにきたんですよ」

しかし男はウミガメのスープを一口飲んだ瞬間、青ざめた顔で店を立ち去った。

そしてその夜、男は自殺した。なぜ男は自ら命を絶ったのだろうか？

——これは怪談というよりも有名なパズル問題である。参加者は正解を知っているものに向かって、回答へ辿り着くため色々と質問をしていく。ただしその質問は「イエス」「ノー」「それは関係ありません」で答えられるものでなければならない。

「ウミガメのスープを飲んだことは自殺と関係している？」→「イエス」

「レストランが男を死なせるように仕向けたのか？」→「ノー」

といった具合だ。本書はクイズ本ではないので正解を示しておこう。

男は昔、船が難破し、仲間とともに無人島に流されたことがあった。島には動物や植物など、食料となるようなものはほとんどなかった。次第に飢えていく男と仲間たちだったが、どうしてもあるものが気になってしまう。

　打ち上げられた船の中にいる一人のメンバーの死体だ。遭難時点で命を落としているその体が島にある唯一の「食べられるもの」だった。しかし男にはどうしても仲間の死体を食べるという選択肢をとることができなかった。もはや餓死寸前となり、意識もうろうと眠りこけていた、その時である。

「ウミガメを捕まえたぞ！」という仲間の歓声によって男は目覚めた。男が眠っているうち、仲間がウミガメを捕まえ、船を解体して焚き火にして肉を調理したそうなのだ。

　そのうまさは、絶対に忘れられるものではなかった。解体された船は波にさらわれ、例の仲間の死体とともに消え去っていたが、そんなことも気にならないほどだった。こうして命を繋いだ男と仲間たちは、数日後、救助船に発見されて島を脱出することができた。

　だが数十年後、男はウミガメのスープを出すという海辺のレストランを知ってしまう。思い出の味をもう一度味わおうと思ったのか、あるいは心にひっかかっていた疑問を確かめようとしたのか。とにかく男はそこで本当のウミガメのスープを飲み、知ってしまったのだ。あの時飲んだスープは、死んだ仲間の肉を使ったものだった、と。

　こうして男は、自ら死を選んだのである。

解説

謎かけそのものもまた謎に満ちていて

これはパズル問題であって、狭い意味での怪談ではない。

ただしその物語は陰惨で物悲しく、パズルの閃きとはまた別の驚きを孕んでいる。唐突で謎めいた自殺、それが人肉食へと繋がっていく意外性のあるオチ、「ウミガメのスープ」という名称の薄気味悪さ。自分たちの手で闇の解答を紡ぎ出していくという行為も、その恐怖感に拍車をかける。そのため「ウミガメのスープ」は昔から怖い話の一種として広く語られてきた。良くも悪くも飛躍した物語構造や演出で、恐怖と不気味さを与えることを目的とし、仲間内での口承によって広まっていく。こうした面では「ウミガメのスープ」を広い意味での怪談とするのも間違いではないだろう。

またこの話は「いつどこで誰が語りだし、どうやって広まっていったのか」という出所が不明である怪しさも孕んでいる。

日本でこれが有名になったのは、まずテレビ番組『世にも奇妙な物語』一九九一年の放送回によってだろう。さらに一般的になったのは二〇〇二年、2ちゃんねるオカルト板に専用スレッドが立ったことによる(ちなみに私が学生時代に初めて知ったのもこの頃)。そして二〇〇四年には同名を冠した書籍が二冊刊行された。

作家・景山民夫《かげやまたみお》は一九八七年という早い時期にエッセイ集『どんな人生にも雨の日

はある』にて、この話を紹介。「元々はハーバード大学の学生が考えたゲーム」であり、景山が「現在の妻と親しくなった」キッカケでもあるという。

アメリカで暮らした経験のある景山なら、英語圏の最新情報をキャッチするのは人より先んじていただろう。また景山が再婚相手の女性と親しくなった時期は一九八〇年代初め頃のはずなので、それ以前に知っていたとすれば相当の早さだ。

では英語圏における、ウミガメのスープ問題の発案者は誰なのだろうか？

それはイギリスの講演家ポール・スローンで、彼の提唱する「水平思考（ラテラル・シンキング）パズル」の代表的な設問「**アホウドリのスープ**」が元ネタだ……と主張する人もいるかもしれない。確かにこのパズル問題については、英語圏ではウミガメならぬアホウドリのスープ（Albatross Soup）として有名で、それが日本に輸入された可能性は高い。まあ、ウミガメよりもアホウドリのほうがはるかに遭遇しやすいのだから、リアリティとしては後者に軍配が上がるだろう。

このパズルを初めて紹介したのはポール・スローンが一九九二年に刊行した『Lateral Thinking Puzzles』だと思われがちだが、これは明確な誤り。まず日本の景山エッセイと比べてすら発表時期が遅いのは、さすがにおかしい。

また「人力検索はてな」二〇一三年十二月十五日の質問を参照すると、ID「elixir」氏がポール・スローン自身に質問したところ、「このストーリーとパズル自体は都市伝説として古くから知られていたもので、ゲームの考案者についても（略）分からない」

との回答を得ている。

さらにGoogle booksを検索すると、既に一九八二年の雑誌『The English Record』で現在と同じかたちのアホウドリのスープ問題を掲載しているのが見つかった。やはり一九八〇年代よりも前から流布している話であるのは間違いないようだ。

ではアホウドリのスープは、いつウミガメのスープにすり替わったのだろうか。

実はこれも定かではない。「アホウ」の語感が間抜けだから日本でだけウミガメに替えられたのかといえば、そういうわけでもなさそうだ。景山民夫は上記のエッセイ内でアホウドリという単語にいっさい言及していないのだから、最初からウミガメのスープとして聞き及んだはずである。さらにアホウドリのスープよりは数少なくなるが、英語圏でもウミガメのスープ（Turtle Soup）バージョンが意外と広まっている。日本だけがウミガメのスープと呼んでいるわけではないようだ。

……とまあ、ウミガメまたはアホウドリのスープの出所を探ろうとしても、曖昧な闇の向こうへ沈んでしまうばかりだ。

ただこれだけは断言できる。この話が英語圏から日本へ、そして他の国々へと広まった理由は、パズル問題として秀逸だったからではない。怪談として優れていたからこそ、人々はこの物語を語り広めていったのである。

ＭＯＭＯチャレンジ

POINT
・怪物ＭＯＭＯがスマホから様々な命令を告げる恐怖の自殺ゲーム。
・世界各地を騒がせた都市伝説で、実在したのはアイコン画像のみ。
・相蘇敬介氏の作成した「姑獲鳥」の画像がデマ拡散に悪用された。

ふと気がつくと、スマホに「ＭＯＭＯ《モモ》」と名乗るものからのメッセージが入っている。そのアイコンは鳥と女を足したような不気味な怪物。落ちそうなほど飛び出した二つの眼球が、こちらを見つめている。だが本当に怖ろしいのは、ＭＯＭＯからのメッセージだ。自分や家族のプライバシー情報を次々に言い当てた上で、ＭＯＭＯは命令する。

「唇を切った画像を送れ」「腕にナイフでＭＯＭＯと刻んだ画像を送れ」

さもないと個人情報を公開する、呪ってやると脅迫しながら、指示は暴力性を増していく。それらミッションを次々にクリアしていくと、最後にＭＯＭＯはこう告げてくるのだ。

「ラストチャレンジだ。今からお前の家に行って家族を殺す。それを止めてほしいのなら」

スマホの画面を凝視する。そこで初めてＭＯＭＯの目が笑っていることに気が付いた。

「今すぐ自殺しろ」

自殺ゲーム「ＭＯＭＯチャレンジ」が世界各国に広まったのは二〇一七～一八年にかけて。ニュースで問題視され、「ＭＯＭＯチャレンジに触れないように」「子どもに触れさせないように」といった若者とその親への注意喚起が広まり、時ならぬ大騒ぎとなった。

ゲームといっても、表面上は単なるメッセージのやりとりにすぎない。メッセージ用SNS「WhatsApp」にて、MOMOから体を傷つけるなどのミッションが要求されていき、ラストチャレンジではついに自殺を命じられてしまうのだという。コロンビアで二人、インドでも二人の少年少女が自殺した件が、MOMOチャレンジとの関連を指摘されているらしい。

そうした噂が広まったのは、主に中南米などのスペイン語圏だった。それら各国のメディアや政府広報は「MOMOは実在する怪物ではない」といった周知徹底に奔走することになる。「あの怪物は、〃アイソ〃という日本人が造ったフィギュアなのだ」と。

――さて、そろそろ事実を伝えるべきだろう。

もちろんMOMOという怪物は実在しない。それどころか、「MOMOチャレンジ」という自殺ゲーム自体が存在しないし、その流行など起きていなかった。そんな自殺ゲームが子どもたちを危険にさらしている……という点まで含めての都市伝説なのだ。

ただしMOMOのもととなる怪物はいる。

私の知人、相蘇敬介《あいそけいすけ》氏が造った「姑獲鳥《うぶめ》」像だ。

解説　子さらいの鳥を怖れるのは、いつも親たちのほう

ＭＯＭＯという怪物もＭＯＭＯチャレンジという自殺ゲームも存在しない。ただ、その噂が世界各国で騒がれたのは事実である。ＭＯＭＯ画像の大元は、株式会社LINK FACTORYの社長・相蘇敬介氏による制作物「姑獲鳥」像なのだ。

相蘇氏と私は十年以上の付き合いがあり、彼が二〇一六年のヴァニラ画廊「幽霊画廊展」にその「姑獲鳥」像を出品したことも当時から知っていた。Facebookにアップされた展示画像が悪人たちの手によってＭＯＭＯチャレンジの怪物として無断流用された、というのが事の真相。腹立たしいが犯人の目論見は大当たりだった。あの怖ろしいアイコンこそが、ＭＯＭＯという噂を世界レベルにまで広めた最大要因だったのだから。

ＭＯＭＯチャレンジの都市伝説はスペイン語圏を中心に広まり、事実を伝えるニュースもそれらの国々が大きく報道。例えばスペインのニュース検証番組『Cuarto Milenio』では相蘇氏にインタビューした映像を流している（二〇一八年九月十日放送）。そして二〇一九年初頭、今度はイギリスにてＭＯＭＯチャレンジの噂の第二波が流行した際には、早々に自殺ゲームの存在自体がデマであるとの報道が広まった。

ＭＯＭＯチャレンジは近年最大の流行を見せた怪談・都市伝説だ。その原因はなん

だったのだろう。子どもたちがＭＯＭＯの画像を恐怖したから？　いや違う。実際は「子どもが謎の自殺ゲームで傷つけられることを親が恐怖したから」である。ネットリテラシーが進んだ現代でも、子どもの安全に対する親の恐怖だけは、いとも簡単にフェイク情報を受け入れやすくさせる。それがこの噂を世界的に広めた原因だ。そしてＭＯＭＯという怪物の大元が、子をさらう姑獲鳥を模した造形物だったのだから、なんとも皮肉めいた話である。

姑獲鳥とは、日本で昔から広く共有された「ウブメ」伝承の一形態だ。妊娠中または出産により死んでしまった女性はウブメ（産女）になるという。それはまた中国の古典籍に記された子どもをさらう怪物、鳥と女が合わさった「姑獲鳥」と同一視された。

相蘇氏が造ったのは哀しい死者の産女ではなく、人の子をさらう悪質で攻撃的な「姑獲鳥」像だった。それが悪用され、世界各国に有害なインパクトを与えてしまった。ＭＯＭＯの造形がもともと姑獲鳥という子をさらう怪物であることを、おそらく海外の人々はほぼ誰も理解していなかったはずだ。しかしそれでも、彼らは――特に小さな子を持つ親たちは――子どもに危害を与えるイメージの源泉を的確に読み取り、ひどく怖れた。

現代人の最大の恐怖が「子殺し」なのは世界共通である。そこに姑獲鳥＝ＭＯＭＯが上手く当てはまったからこそ、自殺ゲームの噂もまた各国で流行してしまったのだ。

バックルーム

どこまでも続く無機質な通路。誰の姿もそこには見えない。

まるで打ち捨てられたオフィスかホテルの廃墟を歩いているようだ。かつてどこかで見た場所のような気もするが、どうしても思い出せないのだから、ただの勘違いなのだろう。

どうしてこんなところに来てしまったのか。自分はいつもと同じような生活をしていただけなのに。まあ正直に言えば、あの時、ほんのちょっと奇妙な予感はしていたけれど。

――もしかしたら、ここを通れるかもしれない。

そう思ってしまったんだ。普通なら過ぎ去ってしまうだけの、あんなところで。でもほら、ゲームのバグでよくあるじゃないか。画面のギリギリ端でしゃがみながらジャンプすれば、石の壁をすり抜けてしまうみたいな……。

それで、こんなところに来てしまった。

どの通路をさまよっても家具や調度品、ゴミすらいっさい置かれていない。ただ黄色がかった壁と床が延々と続いていて、変化といえば柱や部屋の仕切りだけ。

POINT

・異世界に迷い込み、なにかに追跡される様を報告するネット文化。
・アメリカのネット掲示板発祥で、様々なSNSにも投稿されている。
・特に TikTok の投稿は従来の恐怖・物語性と異なる感性が生まれた。

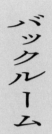

それでも蛍光灯の照明は生きていて、ジジジジというノイズ音を響かせながら、そっけない光で周囲を照らしている。どこかで誰かが電源を確保しているのか？　それとも世界が終わり人類が死に絶えた後、〝なにか〟が自動的にこの空間を維持しているだけなのか？

「すいません！　誰かいませんか！」

大声で呼びかけてみる。反応などないことはわかっているが、そうせざるを得ないのだ。

あとできるのは、ここを撮影した静止画や動画をＳＮＳに投稿してみること。元の世界のインターネットと繋がるかは知らないが、それを見た誰かが反応してくれるのを願って。

「そこは、あそこだよ」「こうすれば、そこから脱出できるよ」

……いや、「残念、君はもうそこから出られないよ」というコメントだっていい。このどこでもない世界と、自分がもといた世界が、ほんの少しだけでも繋がってくれるのなら。

あ、今なにか音がしなかったか？

ノイズとは別の、なにかがうろつくような音が。ほらまた聞こえた。

……でも、これは普通の足音じゃない。人間じゃないなにかが、自分を見つめているのがわかる。それがだんだん近づいてくるのが。ああ、もうダメだ。

逃げなくては。

解説　新しい恐怖の部屋へようこそ

その画像が投稿されたのは二〇一八年四月。英語圏の匿名掲示板**4chan**の**X板**、**“cursed images”**スレッドだった。日本に当てはめれば5ちゃんねる（2ちゃんねる）オカルト板「呪われた画像」スレッドといった感じになるだろうか。

その画像は全体的に黄色っぽい色調で、やや斜めに傾いたアングル。天井に蛍光灯、床にカーペットが敷かれた無機質な室内で、撮影者の手前に壁の仕切りがあり、そのすぐ先にもう一室、さらに仕切りを挟んだ向こうが通路になっているのが見える。その通路を曲がれば、おそらく同じような空間がまだまだ続いているのだろう。

さほど不思議な画像ではない。ただの空き室の写真を、なぜわざわざ掲示板に投稿したかという意図が不可解なだけだ。オカルトを楽しむX板なのだから、怖ろしいものとして解釈してほしいのだろうが……さて、いったいどう反応すべきなのか。

これが「バズる」までには、もう一年ほどかかった。二〇一九年五月、同じくX板の“post disquieting images that just feel 'off'”（ちょっと「ズレ」てる不穏な画像を投稿しようぜ）スレッドに同じ画像が再投稿される。ただし次の文言とともに。

「気をつけないと、バグによって現実から間違った世界へと抜けてしまう。行き着く先は『バックルーム』。古く湿ったカーペットの臭い、黄色だけが広がる狂気、安物の蛍光灯がずっと耳障りなノイズ音を発している。そんな空き室がランダムに仕切られた、約六億平方マイルの空間に閉じ込められるのだ。もし近くでなにかがうろついている音が聞こえたら、神の救いがあらんことを。それもまた、あなたに聞き耳をたてているのだから」

この解説が人々の琴線に触れ、同じような設定による動画・画像がインターネット上に数多く投稿される。こうして「バックルーム（The Backrooms）」というネットミームが広まっていったのだ。

といっても、バックルームの語られ方には幾つかのタイプがあった。それらを強引に大別すれば、①先述の解説文で示唆されている設定・背景を膨らませ、バックルームという一大世界を構築しようとする考察タイプ。②そうした考察にこだわらず、とにかくバックルーム的な動画・画像を投稿していくタイプの二種類になるだろうか。

まず①のタイプ。バックルームを大迷宮のように捉え、各フロアごとの特徴やそこに棲息するモンスターについて、不特定多数の人々が語っていくという形式だ。これは一見すると、昔ながらのファンタジーやSF、またはそれらに影響を受けたゲーム文化のノリに近いようにも思える。ただそれ以上に、近年人気を博しているホラー・ジャンル「**SCP財団**」の直接の影響下にあると見たほうが妥当である。（疑似的な）資料性と客観的記述によるもっともらしい解説、それらの集団創作をサイトにまとめて一つの異世界を構築しようとする試み。これは英語圏に端を発し、日本でも若年層にまで広まっているSCP財団の方法論にそっくりだからだ。またこれは同じ「恐怖」を扱っているとはいえ、本書で紹介してきたような怪談的語りとは大きく異なる。

一方②タイプはほとんどなんの解説もせず（せいぜいハッシュタグ程度）、ただバックルームめいた映像を提示するだけ。設定・背景の考察どころかストレートな意味での「恐怖」すら意図していない。まだ①が物語や世界観を重視するのに比べ、②はさらに従来の怪談とかけ離れている。①②の差は投稿されるプラットフォームの違いによるところも大きく、①の代表がWiki形式のサイトなら、②の代表はTikTokだ。

短い単発動画にて、世界観の構築よりも瞬間的な空気感を楽しむ形式は、バックルームと相性が良かったのだろう。恐怖をかきたてる物語を目指すのではなく、かつてどこかで見たような、しかしどこにもないであろう空間をさまよう、なんとも言いようのない感覚を味わうのが目的なのだ。懐かしさと違和感と不気味さが同居したそれらの映像は「**リミナルスペース**」と呼ばれ、バックルームとともにミーム化・流行した。

逆に言えばバックルームの流行は、従来型の恐怖と物語を拒否した点にあるのかもしれない。とはいえこれからの怪談はこうした傾向も一部に組み込みつつ、新しい語りを発生させていくのだろう。どちらも不思議を語るコミュニケーションなのに違いはなく、人々がそうした行為を止めることは絶対にありえないのだから。

あとがき

今昔の名作怪談の数々、怖く楽しく読んでもらえただろうか。

これまで様々な怪談が語られ、しかもそれらが連綿と繋がっていく歴史があることをわずかでも感じ取ってもらえたなら、筆者としてこれ以上の喜びはない。もちろんこの他にも膨大な数の優れた怪談が存在しており、本書で紹介したのはほんの一部だという事実も急いで付け加えておく。例えるならクラシックとロックとヒップホップの音楽史や、それぞれの代表的名作を一冊で網羅できるはずもない。また別の機会があれば、各ジャンルに特化した怪談を紹介してみたくもある。

ともあれ本書の狙いは、なるべく幅広い怪談群をサクッと読者の頭に入れてもらい、それらを気軽に別の人たちへと話してもらうことだ。その際、各怪談の内容が少し変わっていたって大丈夫。ましてや私の解説など覚えておく必要もない（面白く読んでほしくはあるけれど）。怪談とは人から人へ語り継がれていくことこそが重要であり、そのコミュニケーションの中で変化することもまた醍醐味なのだから。

人類はずっと、いつも、怪談を語ってきたのだから。

［装幀］坂根 舞（井上則人デザイン事務所）
［本文DTP］土屋亜由子（井上則人デザイン事務所）
［挿画］森口裕二
［編集制作］高野勝久
［校正］株式会社 聚珍社

教養《きょうよう》としての最恐怪談《さいきょうかいだん》
古事記からTikTokまで

2024年7月29日　第1刷発行
2024年8月20日　第2刷発行

著　者　吉田悠軌
発行人　松井謙介
編集人　廣瀬有二
企画編集　宍戸宏隆、望月哲史

発行所　株式会社 ワン・パブリッシング
〒105-0003　東京都港区西新橋 2-23-1
印刷所　日経印刷 株式会社

●この本に関する各種のお問い合わせ先
本の内容については、下記サイトのお問い合わせフォームよりお願いします。
https://one-publishing.co.jp/contact/
在庫・注文については　書店専用受注センター　Tel 0570-000346
不良品（落丁、乱丁）については　Tel 0570-092555
業務センター　〒354-0045　埼玉県入間郡三芳町上富 279-1

© Yuki Yoshida 2024　Printed in Japan

本書の無断転載、複製、複写（コピー）、翻訳を禁じます。
本書を代行業者等の第三者に依頼してスキャンやデジタル化することは、
たとえ個人や家庭内の利用であっても、著作権法上、認められておりません。

ワン・パブリッシングの書籍・雑誌についての新刊情報・詳細情報は、下記を覧ください。
https://one-publishing.co.jp/